ABRÉGÉ

DE LA DOCTRINE

DE

LA VRAIE RELIGION CHRÉTIENNE.

ABRÉGÉ

DES PRINCIPAUX POINTS DE DOCTRINE

DE

LA VRAIE RELIGION CHRÉTIENNE,

D'APRÈS LES ÉCRITS

DE SWEDENBORG.

PAR ROBERT HINDMARSH.

TRADUIT DE L'ANGLAIS.

> Si quelqu'un veut faire la volonté de Dieu, il connaîtra si la Doctrine est de lui.
>
> JEAN, VII, 17.

A PARIS,

CHEZ TREUTELL et WURTZ, rue de Bourbon, n.° 17.
BARROIS, ainé, rue de Seine, n.° 10.

MAI 1820.

AVERTISSEMENT

DE

L'ÉDITEUR.

Au premier avénement du Seigneur, le genre humain était incapable de recevoir une instruction céleste touchant le Christ né de Marie. Dix-huit siècles devaient s'écouler, pour que le Seigneur se révélât, lui étant *divin homme*, *infini créateur*, et pour qu'il nous instruisît, que ce Christ, né de Marie, était une humanité dont il avait dû survêtir sa première humanité, pour être et selon l'ordre de la création, tout-puissant, *in primis et in ultimis;* pour dompter les enfers, et pour sauver les hommes.

Afin d'effectuer son second avénement, c'est-à-dire, pour tout expliquer et tout révéler, le Seigneur, par un influx immédiat, a disposé de son serviteur,

Emmanuel Swédemborg, qui nous a instruit par écrit, et par l'impression, de tous les mystères divins et célestes contenus en l'Ecriture Sainte; ces mystères sont exposés avec un ordre et une précision admirables; dans :

Les Arcanes célestes, contenant les explications sur la Génèse et l'Exode, 8 vol., 1749. — 1758. Du Ciel et de l'Enfer*. — De la Nouvelle Jérusalem et de sa Doctrine céleste*. — Du Jugement dernier*. — Du Cheval blanc*. — Des Terres de l'univers*, 1758.

Doctrine de la Nouvelle Jérusalem touchant le Seigneur*; — Touchant l'Ecriture sacrée. — Doctrine de vie pour la Nouvelle Jérusalem*. — Continuation du Jugement dernier, et du monde spirituel, 1763;

Sagesse angélique touchant la divine Providence; — touchant l'amour divin, et la sagesse divine*, 1764;

Apocalypse révélée, 1766;

Apocalypse expliquée, 4 vol. in-4.°, posthumes, 1785. — 1789;

Les Délices de la sagesse touchant l'amour conjugal, 1768;

La vraie Religion Chrétienne*, 1771;

Exposition, Sommaire de la doctrine de la nouvelle Eglise*, 1769;

Couronne ou Appendix à la vraie religion, 1780;

Exposition sommaire des livres prophétiques, 1784;

Du Commerce de l'âme et du corps*, 1769;

Clé hiéroglyphique des Arcanes naturels et spirituels, 1784.

Tous ces ouvrages, écrits en latin, ont été traduits en anglais, et un * indique ceux qui le sont en français; mais nous pouvons affirmer que sous peu la collection complète le sera en français. Les originaux latins sont très rares, mais les Arcanes le sont excessivement.

Certes, l'on doit applaudir aux grands et immenses travaux de la Société Biblique, dont le but est de répandre l'Ecriture sacrée chez toutes les nations et en leur propre langue; mais l'Ecriture sacrée sans la doctrine de la Nouvelle Jérusalem, est un écrin d'un prix infini, enfermé dans une cassette emboîtée par d'autres; vous pouvez ouvrir les premières cassettes, mais non les trois dernières; eh bien, les Arcanes les ouvrent et exposent le sens naturel, spirituel et céleste de l'Ecriture, avec une netteté et une profondeur dont nulle analyse ne peut donner l'idée.

MM. Treutell et Wurtz, rue de Bourbon, n.° 17, et Barrois, rue de Seine, n.° 10, procureront quelques originaux et les traductions anglaises et françaises.

Emmanuel Swédemborg, naquit à Stockholm, le 29 janvier 1688, et mourut à Londres, le 29 mars 1772. Il acquit une grande réputation dans les sciences humaines, l'anatomie, la métallurgie, les mathématiques et la mécanique. Il a fait imprimer quelques ouvrages philosophiques religieux; mais au commencement de 1743, à 56 ans, il reçut sa mission et publia en 1749, le premier volume des Arcanes; il atteignait sa soixante-unième année.

ABRÉGÉ

DE LA DOCTRINE

DE

LA VRAIE RELIGION CHRÉTIENNE.

I. *De l'Être et de l'Unité de Dieu.*

IL y a un seul Dieu, créateur de tous les mondes visibles et invisibles, lequel, à cause de son divin *Être*, qui est la source originale et l'incompréhensible fontaine de toute vie et de tout être, est appelé JE SUIS CELUI QUI SUIS, ou JEHOVAH, qui est, qui fut et qui sera; le premier et le dernier, le commencement et la fin; l'alpha et l'oméga, le tout et en tout. L'être et l'unité de Jéhovah Dieu nous sont inculqués dans la révélation divine d'une manière générale, aussi bien que par plusieurs déclarations expresses, et peuvent être considérés comme la base ou le fondement de toute religion. C'est pourquoi il est écrit : « Ecoute, Israël, Jéhovah notre Dieu est *le seul Jéhovah.* » Deut. VI, 4. Matth. XII, 29. « Ainsi dit Jéhovah, le roi d'Israël, je suis le premier et suis le dernier, et il n'y a pas *d'autre Dieu que moi.* » Isaïe, XLIV, 6.

« Je suis Jéhovah ton Dieu, et tu ne connaîtras pas *d'autre Dieu que moi.* » Osée, XIII, 4.

II. *Dieu lui-même est la première substance et forme.*

Ce Dieu unique est la réelle et première substance et forme, de laquelle et par laquelle toutes les substances et les formes ont été produites, étant impossible que quelque substance que ce soit ait été faite *de rien.* Toutes les choses qui existent doivent, par conséquent, avoir été produites par une puissance divine, d'une substance originale, c'est-à-dire de Dieu lui-même ; mais de manière et selon un ordre tels, que la plus parfaite et la plus complète distinction est maintenue entre le Créateur et la créature. Et comme nous voyons que toutes les substances et les formes ont, directement ou indirectement, quelque rapport à la forme humaine, et qu'il est certain que ce rapport doit finalement conduire et tendre vers celui de qui elles procèdent, il s'en suit nécessairement que Dieu, dans cette originale et première substance et forme, est un HOMME DIVIN, dans lequel néanmoins toutes choses sont infinies et éternelles, sans aucune relation à l'espace, ni au temps, ni à la matière ; étant antérieures et très-au-dessus.

III. *De l'Essence divine, qui est l'Amour divin et la Sagesse divine.*

Comme l'être divin de Jéhovah Dieu est en lui-même fort infiniment au-dessus de la compréhension de tout esprit fini, et ne peut devenir le sujet de la contemplation de l'homme ni même de l'ange; il lui a donc plu, dans sa miséricorde, de s'accommoder à la capacité de ses créatures intelligentes, de manière à leur présenter les marques les plus évidentes et les plus frappantes de son divin amour et de sa divine sagesse, qui constituent son essence. Nous pouvons en conséquence nous former quelque idée juste de l'essence divine, en la considérant comme l'ensemble de tous les biens divins, et de toutes les vérités divines qui découlent de cette grande source de vie, et l'environnent comme un soleil de justice. Ainsi, Dieu est non-seulement un être incompréhensible, mais il est aussi, en même temps, une essence compréhensible, en quelque sorte, comme amour divin et sagesse divine, comme bien divin et vérité divine; sous chacun desquels rapports il est véritablement et proprement la vie en lui-même, c'est-à-dire, la vie indépendante de toute autre source.

L'amour et la sagesse en Dieu sont essentiellement un, quoique pouvant être distingués l'un de l'autre par la pensée. Et comme c'est le propre de l'amour divin, uni avec la sagesse divine, d'aimer les autres *hors de soi* ou *distincts de soi*, de désirer *la conjonction avec les autres*, et de *faire les autres heureux de soi*, il semble très-raisonnable de croire que cette triple tendance de l'amour divin et de la sagesse divine fut la cause de la crétion du monde, et qu'elle est encore la cause de sa conservation.

IV. *De la Création.*

Comme Jéhovah Dieu, par son divin amour, avait en vue le bonheur des autres hors de lui-même, mais cependant contigus à lui-même; ainsi par sa divine sagesse, opérant selon les lois de son ordre, il produisit de lui-même, et non de rien, comme plusieurs l'ont supposé, des substances et des formes spirituelles et naturelles, dans une variété indéfinie, et à la fin des formes humaines capables de recevoir et de percevoir en elles-mêmes son divin amour et sa divine sagesse. Ces formes humaines furent donc créées pour être les images et ressemblances de celui qui les avait produites, et par la puissance duquel elles avaient reçu l'existence. C'est pourquoi il est écrit: « Au commencement était la » Parole (la divine sagesse), et la Parole était en » Dieu, et la Parole était Dieu. Toutes choses ont » été faites par elle, et rien de ce qui a été fait n'a » été fait sans elle. » Jean I, 1, 3. « Dieu dit: Fai- » sons l'homme à notre image, selon notre ressem- » blance. Ainsi Dieu créa l'homme *à son image*, il » le créa à l'image de Dieu. » Gén. I, 26, 27.

De cette vue générale de la nature et du dessein de la création, on peut inférer les particularités suivantes relatives à l'ordre de sa progression, depuis les premiers principes jusqu'aux derniers effets; savoir : 1.° Que de Jéhovah Dieu émana et émane encore une sphère de gloire divine, qui l'entoure de tous côtés, et constitue le soleil du monde spirituel. 2.° Que par le moyen de ce soleil, qui dans son essence est pur amour, et répand une chaleur spirituelle et une lumière spirituelle, ou, en d'autres mots, l'amour et la sagesse, dans les esprits capables de les recevoir, furent produites trois atmosphères de différentes pureté et activité, qui donnèrent naissance à toutes les choses de ce monde (spirituel); et que le soleil du monde naturel, qui est pur feu, fut produit de la même manière, avec trois atmosphères naturelles, ainsi que toutes les terres ou planètes existantes au moyen de ces atmosphères. 3.° Qu'ainsi, toutes choses furent produites, non de rien, mais du divin amour par la divine sagesse, qui sont en effet la substance de toute substance. 4.° Que tout sujet créé est, par la condition même de son existence, fini et limité, et conséquemment distinct de l'infini, duquel il procède. 5.° Que néanmoins l'infini est dans les sujets créés comme dans ses réceptacles, selon leurs divers degrés et états. 6.° Que toutes choses, qui sont ainsi venues de l'Être divin, retournent à lui d'une certaine manière, par le moyen de l'homme, dans le corps duquel sont rassemblés tous les usages du monde naturel, et dans l'esprit duquel sont également rassemblés tous les usages du monde spirituel; et que ce retour est opéré par la reconnaissance de la part de l'homme dans son cœur, dans son entendement et dans sa vie, que toutes choses doivent leur existence et leur conservation au divin amour et à la divine sagesse du sublime Auteur de tous les êtres.

Ces considérations et autres semblables, suggérées par la vue du grand œuvre de la création, démontrent à un esprit vraiment rationnel, éclairé par la révélation, que Dieu est tout-puissant, qu'il sait tout, et est présent partout; que par ses divines perfections, il est l'ordre essentiel; que cet ordre fut originairement introduit dans l'univers et dans toutes ses parties; et que l'homme spécialement fut créé pour être une forme vivante de cet ordre, et conséquemment une image et ressemblance de son Créateur.

V. *De l'état de l'Homme avant la chute.*

Ceux qui entendent la Parole seulement dans son sens littéral, sont portés à croire que la création, qui est décrite dans le premier et le second chapitre de la Genèse, signifie la création de l'univers, et que Dieu fut occupé pendant six jours à faire le ciel, la terre, la mer, avec toutes les choses qu'ils contiennent; et enfin l'homme à son image et ressemblance. Mais qui ne peut voir, s'il réfléchit profondément sur ce sujet, qu'il n'est pas ici question de la création de l'univers visible? Car on y trouve décrites des choses et des circonstances telles, que toute personne d'un jugement sain, ou même douée d'une intelligence ordinaire, peut comprendre qu'elles n'eurent pas lieu réellement de la manière qu'elles sont rapportées. Par exemple, il est dit qu'il y eut la lumière et les ténèbres, le jour et la nuit, le matin et le soir, des herbes et des arbres, des semences et des fruits, avant la création du soleil, de la lune et des étoiles; et néanmoins il n'est pas possible de concevoir comment ces effets auraient pu être produits sans l'existence et l'influence du soleil.

De plus, il est dit dans le premier chapitre, que Dieu fit l'homme mâle et femelle; mais dans le second chapitre, après les six jours de la création, il est dit qu'il n'y avait point d'homme pour cultiver la terre : sur quoi un homme fut formé de la poussière de la terre, et un souffle de vie fut inspiré dans ses narines. Etant donc placé dans le jardin d'Eden, où il y avait des arbres de toute espèce, agréables à la vue, et bons à manger, un particulièrement au milieu du jardin, appelé l'arbre de vie, et un autre appelé l'arbre de la connaissance du bien et du mal, il lui fut sévèrement défendu de manger de ce dernier, quoiqu'il lui fût permis de manger des autres; circonstance qui, prise à la lettre, peut donner lieu à quelques lecteurs de la considérer comme un piége tendu à l'homme, à l'aspect d'un objet séduisant, soit pour le pousser à un acte direct de désobéissance, soit pour exciter en lui le désir d'un fruit défendu. Mais comme l'homme n'avait point encore d'aide, le récit de Moïse nous apprend que Jéhovah Dieu lui envoya un profond sommeil, pendant lequel il tira une de ses côtes (quoique rien n'annonce qu'il en eût plus qu'il ne lui en fallait pour lui-même), et en forma la femme. Dans le troisième chapitre, il est dit : que le serpent, la plus rusée de toutes les bêtes, et douée en sus de la faculté de parler, conversa avec la femme dans sa propre langue, et lui persuada, par des raisonnemens artificieux, de manger de l'arbre de la connaissance du bien et du mal, et que la femme porta Adam à la même transgression, quoiqu'il soit raisonnable de supposer que, sortant des mains du Créateur, il dût être le plus parfait et le plus sage des hommes. Mais la calamité dans laquelle ce premier couple se plongea, par cette désobéissance, ne fut point bornée à eux seuls, selon la doctrine généralement reçue ; elle s'étendit sur toute leur postérité, qui fut condamnée à la damnation éternelle, non pour sa propre faute, mais pour celle de ses premiers pères, commise long-temps avant qu'ils eussent aucun enfant.

Telles sont les difficultés et les paradoxes qui résultent de l'interprétation purement littérale de cette partie de la Parole ; interprétation qui a porté plusieurs personnes, d'abord à douter de la sainteté de cette Parole, ensuite à nier entièrement sa divine inspiration, et à regarder tous les livres révélés comme un tissu d'impostures offertes à la crédulité du genre humain. Mais combien on en juge différemment, lorsque l'on comprend et que l'on admet qu'il y a dans toutes les parties historiques de l'Ecriture-Sainte un sens interne spirituel parfaitement distinct de celui de la lettre; et que, dans ce sens, les choses célestes et divines sont présentées sous des représentations naturelles et externes ! Car il est bien connu à présent que cette manière d'écrire par représentations, était pratiquée par les plus sages parmi les anciens ; et que ceux qui montraient le plus d'habileté à décrire les sujets spirituels et moraux sous des formes historiques, étaient dans la plus haute estime. Les premiers chapitres de la Genèse sont d'un caractère encore plus relevé, à cause de leur origine divine, quant au sujet et quant à l'expression. Voici de quelle manière ils doivent être interprétés.

Par la création du ciel et de la terre est entendue spirituellement la nouvelle création ou la régénération de l'homme en général, et particulièrement de l'homme de la très-ancienne Eglise, qui fut appelée Adam ou Homme, parce qu'elle était une Eglise vraiment céleste, et un modèle de toutes vertus. Par le ciel est entendu l'interne de cette Eglise, et par la terre, son externe. Par les six jours de travail, et le septième de repos dans lequel entra Jéhovah, après qu'il eut fini son ouvrage, sont entendus les divers états de la régénération de l'homme, et la paix céleste qui leur succède. L'état le plus parfait de cette Eglise est décrit dans le second chapitre, depuis le septième jusqu'au dix-septième verset, où l'homme, étant formé à l'image et ressemblance de son Créateur, est dit être une âme vivante, et est placé dans le jardin d'Eden, qui était bien arrosé, et enrichi des fruits de la terre les plus excellens. Le jardin, appelé aussi Paradis, signifie la sagesse et l'intelligence de l'homme ou des hommes, ainsi créés de nouveau, et devenus célestes : les arbres, beaux à la vue et bons à manger, signifient leurs perceptions intérieures du vrai et du bien : l'arbre de vie, qui était au milieu du jardin, signifie leur amour et leur sagesse, dérivés seulement du Seigneur, leur Créateur : et l'arbre de la connaissance du bien et du mal, signifie la foi ou la science, qui pouvait dériver d'eux-mêmes ou de leur propre principe sensuel, dans une voie externe, contraire à l'ordre divin : c'est pour cela qu'il leur fut défendu de manger du fruit de ce dernier arbre, tandis qu'il leur était permis de manger librement des autres.

L'état de l'homme, avant la chute, différait totalement de son état présent. Avant la chute, sa volonté et son entendement étaient parfaitement unis, et ne formaient qu'un esprit; de sorte qu'aussitôt que quelque amour ou affection était en mouvement, elle produisait sa propre science ou pensée, l'une étant inséparable de l'autre. Dans cet heureux âge, appelé, par excellence, *l'âge d'or*, les hommes n'avaient pas besoin d'instruction externe; mais ils obtenaient toutes les connaissances nécessaires par un influx interne, qui était comme une voix du Ciel. De là vient qu'ils n'avaient point de révélation écrite, parce que les vérités divines étaient inscrites dans leur cœur, et qu'ils n'exerçaient pas de culte externe, tel qu'il eut lieu par la suite, parce qu'ils n'avaient pas besoin d'être poussés ou excités à l'accomplissement de leurs devoirs, qui étaient l'occupation constante et la plus douce de leur vie. Ils étaient nés aussi dans la science de toutes les choses utiles à leur bien être et à leur bonheur naturel et spirituel. La nature entière était pour eux une peinture du ciel. Tous les objets que leurs yeux rencontraient, depuis le soleil dans le firmament, jusqu'à la plus petite parcelle de poussière sur la terre, leur fournissaient des occasions de contempler leurs vrais et propres archétypes dans ce monde éternel, dont ils étaient déjà en quelque manière habitans, pendant même qu'ils séjournaient encore dans leurs corps. Ils n'avaient point de respiration externe, ni de langage sonore et articulé; mais ils se communiquaient leurs idées l'un à l'autre par d'innombrables changemens de visage, spécialement par des mouvemens variés des lèvres, et par de vives expressions des yeux. De plus, il n'y avait point parmi eux de fraude ni d'hypocrisie; mais leur face était le vrai et fidèle indice de l'âme. Il résultait de là, que, jouissant chacun de la perception des états des autres, ils communiquaient et recevaient réciproquement leurs pensées et leurs affections d'une manière plus certaine, plus distincte et plus rapide, que ne peut le faire aujourd'hui le langage sonore et articulé, quel qu'il soit.

Nous ne pouvons à présent savoir combien de temps l'homme resta dans cet état primitif d'intégrité et de perfection, auquel il fut successivement introduit après sa naissance comme homme naturel; ou combien de générations d'hommes continuèrent à jouir de la vie céleste ci-dessus esquissée. Mais il est probable que les symptômes d'une tendance à décheoir apparurent aussitôt après que cette première Eglise fut parvenue à la plénitude de sa maturité, et long-temps avant que la corruption se fût introduite parmi ses membres, de manière à devenir la cause de leur expulsion du jardin d'Eden, et finalement de leur totale destruction par le déluge, c'est-à-dire par l'inondation des plus horribles concupiscences et des fausses persuasions qui les suffoquèrent.

VI. *De l'origine du mal, et de la chute de l'Homme.*

L'homme, lorsqu'il fut formé à l'image et ressemblance de son Créateur, jouissait justement et pleinement de l'exercice de deux facultés, appelées *rationalité* et *liberté*. La rationalité est la faculté de comprendre ce qui est vrai et faux, et aussi ce qui est bien et mal : la liberté est la faculté de penser, de vouloir et d'agir dans un état de parfaite indépendance. Ces deux facultés furent implantées en l'homme à sa création; elles sont encore en lui à sa naissance dans le monde, et il n'en est jamais entière ment privé. Mais, à parler strictement, elles ne sont pas à lui en propre; elles lui sont seulement prêtées ou continuellement communiquées, étant au Seigneur et du Seigneur en lui, de sorte qu'elles peuvent être appelées la demeure ou la résidence de Dieu en l'homme, le rendant capable de penser et de parler, de vouloir et d'agir, en toute apparence, comme de lui-même. Par ces facultés, qui lui paraissent ainsi comme lui appartenant en propre, l'homme peut être dans une conjonction réciproque avec son Créateur, et par-là vivre éternellement. Par elles aussi il est capable d'être réformé et régénéré; et par elles il est distingué des brutes.

L'homme étant ainsi créé et formé à l'image et ressemblance de Dieu, et sentant en lui-même la vie participée, en toute apparence comme si elle eût été à lui en propre, son intégrité consistait à reconnaître perpétuellement dans son cœur que tout ce qu'il avait était du Seigneur en lui. Mais il est évident que, tandis que cette vie dérivée lui semblait la sienne propre, quoique elle ne le fût pas en réalité, il devait nécessairement avoir le pouvoir de l'attribuer au Seigneur, selon *la vérité réelle*, ou à lui-même, selon *la pure apparence*. Car sans cette possibilité il n'eût pu exister un seul moment comme agent raisonnable et libre; en d'autres mots, il n'eût pu être homme; mais il eût été une espèce d'automate, une machine intellectuelle, ou au plus une brute au-dessus des autres. Tant qu'il pensa, voulut et agit dans et selon la vérité, nonobstant l'apparence, il resta dans l'ordre dans lequel il avait été créé : mais aussitôt qu'il céda à l'apparence, et que, par des raisonnemens fondés sur les sens, il s'y conforma, alors il abusa des facultés dont il était doué ; et, s'étant tourné vers lui-même, il se détourna de son Créateur. Ainsi, au lieu de rester dans le vrai ordre de sa vie, qui consistait à reconnaître perpétuellement qu'il n'était qu'un *récipient* de la vie de Dieu, il se confirma faussement dans l'apparence que cette vie était *sienne en propre ;* et ainsi, par l'abus de ses deux facultés, de la rationalité et de la liberté, il forma en lui-même l'origine et le commencement du mal.

Tout cela est décrit dans l'Ecriture-Sainte d'une manière particulière au génie du plus ancien peuple. Le langage usité pour ces sortes de récits peut être appelé *parabolique*, ou, comme s'exprime l'apôtre Paul, *allégorique* : mais véritablement chaque mot signifie quelque sujet spécial de contemplation, renfermé dans le sujet général. Ainsi dans ce langage le serpent qui trompa la femme, et par elle l'homme, signifie le principe sensuel qui, par des apparences illusoires et des raisonnemens plausibles, mais faux, flatte et séduit d'abord la volonté ou le propre, représenté par la femme, et ensuite la faculté rationnelle même, représentée par l'homme : car l'homme, la femme, le serpent, l'arbre de la connaissance du bien et du mal, et le jardin d'Eden lui-même représentaient et signifiaient les états d'affection, de pensée et de vie, dans chaque membre de l'Eglise, et en même temps dans tous les hommes dont était composée la première et la plus ancienne Eglise sur cette terre. La manière dont cette Eglise déchut fut la même que celle dont toutes les autres qui lui succédèrent sont déchues : chaque Eglise, arrivée à sa maturité, eut son homme et sa femme; chacune fut placée dans un jardin semblable à celui d'Eden, quoique pas aussi bien cultivé, ni si riche en produits : chacune néanmoins a eu son arbre de vie, son arbre de la connaissance du bien et du mal, ses fruits délicieux et son serpent séducteur. Si nous suivons les progrès du mal, nous trouverons que toutes ces Eglises qui se succédèrent l'une à l'autre, tous les individus qui les composaient, et tous ceux qui sont descendus d'eux, ou ont eu avec eux quelque rapport, en un mot toutes les familles du genre humain, tous ont mangé du fruit défendu; tous se sont plus ou moins laissé séduire par les plaisirs trompeurs de l'amour de soi et de l'amour du monde.

Des observations précédentes il paraît évidemment que l'homme, par l'abus des facultés de liberté et de rationalité dont il fut originairement doué, pervertit l'ordre dans lequel il avait été créé, et qu'il se confirma dans les états d'infidélité et de dépravation morale, et finalement se plongea dans un abîme inexprimable de misères et de calamités, dont il ne pouvait être retiré que par l'interposition de la miséricorde, de la sagesse et de la toute-puissance divine. Le Créateur donc, ayant pitié de ses enfans déchus, leur annonce immédiatement son intention d'opérer leur rétablissement ; et, en attendant, il fait de la vraie foi en un futur Messie, la condition de leur présente réconciliation avec lui, et de leur salut éternel par la suite.

VII. *De l'état de l'Homme après sa chute.*

On croit généralement que la chute de l'homme eut lieu lorsque Eve d'abord, et ensuite Adam, mangèrent du fruit de l'arbre de la connaissance du bien et du mal, et que, jusqu'à ce funeste moment, ils furent dans leur plus haut état d'intégrité et de perfection. C'est aussi une opinion commune, que, par ce seul acte de désobéissance, en mangeant du fruit d'un arbre qui leur paraissait non-seulement agréable à la vue, mais encore capable de leur procurer un degré de sagesse supérieur à celui qu'ils avaient déjà, ils se précipitèrent dans l'abîme le plus profond de la dépravation morale, et attirèrent en même-temps sur eux-mêmes et sur leur postérité à naître une ruine complète et totale. Mais par une lecture attentive du récit de Moïse on peut voir, que la chute de la très-ancienne Eglise, appelée *Adam* ou *Homme*, fut graduelle, commençant, chez les membres de cette Eglise, par une pente ou inclination presque imperceptible à se conduire par eux-mêmes, au lieu de se laisser conduire par le Seigneur; puis avançant vers un état plus évident d'amour de soi, jusqu'à ce qu'enfin, par des raisonnemens sensuels, par des actes directs de désobéissance, et par de longues habitudes du vice, la méchanceté prévalut universellement, et toute la terre fut remplie de violence.

La première notification directe du mal, dans son commencement, est donnée dans le dix-huitième verset du second chapitre de la Genèse, où Jéhovah Dieu dit : « Il n'est pas *bon* que l'homme soit seul. » Auparavant tout avait été *bon* ou *très-bon*. Mais, dès ce moment, le mal prit naissance, et s'accumula graduellement dans une suite d'Eglises qui se succédèrent, avec quelques intermissions d'une restauration partielle, jusqu'à ce qu'il parvînt à son comble, qui est ainsi décrit dans les cinquième et treizième versets du sixième chapitre : « Et Jéhovah vit que la méchanceté de » l'homme était grande sur la terre, et que toute » imagination des pensées de son cœur n'était que » mal en tous tems. — Et Dieu dit à Noé : la fin de » toute chair est venue devant moi; car la terre » est remplie de violence par eux, et je les détruirai avec la terre. » Cependant, nonobstant la dépravation et la méchanceté générales, il y avait encore quelques hommes qui avaient conservé la capacité d'être rétablis à un certain degré d'intégrité, par la réception de la Charité et de la Foi du Seigneur. Ceux-ci sont représentés par Noé et sa famille, qui furent préservés dans l'arche ; et chez eux une nouvelle Eglise fut établie à la place de celle qui périt.

Alors l'état de l'homme fut changé : son esprit, et, en quelque manière, son corps aussi, subirent une nouvelle organisation : car, au lieu qu'avant la chute, sa volonté et son entendement, ou ses deux facultés de vouloir et de penser, étaient inséparablement unies, l'une agissant constamment d'accord avec l'autre, après la chute et plus spécialement après qu'elle fut complétement opérée, l'une acquit le pouvoir de s'élever au-dessus de l'autre ; c'est-à-dire que l'entendement put contempler la vérité et reconnaître la justice de ses préceptes, pendant que la volonté restait encore dans l'amour et la pratique du mal. En même temps la respiration externe commença, et avec elle le langage externe sonore et articulé; cela fut suivi d'une révélation écrite, ou d'un code divin pour la conduite de la vie, et d'un culte externe, l'une et l'autre adaptés à l'état de l'homme, alors si essentiellement différent de ce qu'il avait été avant la chute.

Cette inversion de l'ordre dans lequel l'homme avait été créé, étant aussi celle où tout le genre humain se trouve aujourd'hui, fut miraculeusement effectuée en vue de sa régénération, qui devait à l'avenir être opérée par le moyen externe de l'instruction dirigée à l'entendement, et aussi par les opérations intérieures de la divine miséricorde. De cette manière, une nouvelle volonté, un nouveau cœur, avec de nouvelles affections d'amour et de nouvelles perceptions de sagesse, purent et peuvent encore être formés en l'homme, et lui-même put et il peut encore être rétabli, sinon à un aussi haut degré de perfection qu'il était auparavant, au moins à un degré très-proche, et à une égale participation à la félicité de la vie éternelle.

VIII. *De la Rédemption par l'Incarnation.*

Aussitôt que l'homme eut mangé du fruit défendu, la miséricorde divine fit la promesse de le racheter et de le sauver, ce qui devait être effectué par l'opération de la divine puissance en sa faveur, en brisant la tête du serpent, délivrant l'homme, par-là, de la domination du mal et de l'infidélité, et le rétablissant dans cet état de félicité dont il était si malheureusement déchu. Pour parvenir à cette grande fin, le Dieu unique, Jéhovah, dans la plénitude des temps, descendit lui-même; et, selon les principes de son divin ordre, il prit une essence et forme humaine par l'Incarnation : dans et par cette forme, comme un moyen assorti aux états et aux perceptions des hommes, il put non-seulement devenir visible à eux, mais encore introduire graduellement au milieu d'eux, de la source de la pure Divinité qui était dans ce moyen, une mesure de son divin influx capable d'éloigner le danger de la destruction qui les menaçait, et les élever enfin à un état de bonheur.

La raison pourquoi l'Incarnation était devenue nécessaire, est que, de cette manière et non autrement, l'essence infiniment pure et divine pouvait approcher la cause du désordre de l'homme, alors monté à son comble, sans danger de le consumer : car comme la nature humaine est le siége et la demeure du mal, il paraît que la seule manière d'expulser ce mal, ou au moins d'affaiblir son pouvoir, était que Jéhovah se préparât lui-même un corps, dans lequel il pût, pour ainsi dire, venir en contact avec ces esprits infernaux, qui, étant présens en l'homme, tâchent continuellement de le séduire et de le détruire, et qu'il pût en même temps leur résister et les vaincre. Ce combat et cette victoire sur les puissances des ténèbres par Jéhovah lui-même, pendant qu'il était dans l'humanité, forme un principal sujet de la révélation divine; et de là vient que nous le trouvons si souvent décrit comme *un homme puissant*, comme *un guerrier*, comme *un conquérant* ou *vainqueur*, comme *un roi de gloire*, etc., etc.

Il y a un grand nombre de passages dans l'Ecriture-Sainte qui confirment la doctrine ici exposée de la descente de Jéhovah lui-même dans le monde, afin qu'il pût devenir un Dieu incarné, et ainsi un Rédempteur et un Sauveur éternel. Mais les suivans peuvent être regardés comme suffisans pour le moment. « Voici : une Vierge concevra,

» et elle enfantera un Fils, et lui donnera le nom » d'*Emmanuel* (Dieu avec nous). » Isaïe, VII, 14. Matth. I, 22, 23. « Un enfant nous est né; un fils » nous est donné; il portera sur son épaule la prin- » cipauté; et son nom sera : le Merveilleux, le » Conseiller, le Fort, Dieu, le *Père éternel*, le Prince » de la paix. » Isaïe, IX, 6. « On dira, dans ce jour : » voici notre Dieu; nous l'avons attendu, et il nous » sauvera : c'est lui *qui est Jéhovah :* nous l'a- » vons attendu, et nous serons joyeux et nous » nous réjouirons de son salut. » Isaïe, XXV, 9. « Voici, le *Seigneur Jéhovah* vient avec puis- » sance, et son bras dominera; comme un pas- » teur il fera paître son troupeau. » Isaïe, XL, 10, 11. « Toute chair connaîtra que c'est moi » *Jéhovah* qui suis ton *Sauveur* et ton *Rédemp-* » *teur*, le Fort de Jacob. » Isaïe, XLIX, 26.

La forme sous laquelle Jéhovah apparut, et par laquelle on peut dire qu'il s'est envoyé lui-même dans le monde, est appelée le *Fils de Dieu*, et elle fut ainsi appelée par les raisons qui vont être exposées. Comme il était impossible à la Divinité infiniment pure et nue, *telle qu'elle est en elle-même*, de descendre parmi les hommes, sans les consumer en un instant; la divine miséricorde de Jéhovah Dieu le poussa à descendre d'une manière telle, que l'intensité de sa gloire fût cachée à leurs yeux, pendant qu'il se présentait dans le monde principalement comme *Divine Vérité*, voilée ou revêtue dans la nature humaine, de laquelle Divine Vérité, néanmoins, le *Divin Bien* n'était ni ne pouvait être réellement séparé. Or cette Divine Vérité, ainsi voilée et revêtue, d'autant qu'elle paraissait nécessairement être quelque chose distincte de la pure Divinité, quoique néanmoins cette dernière fût actuellement en elle, comme l'âme de l'homme est dans le corps, fut, à cause de cela, appelée le *Fils de Dieu.* Il est de plus à observer, que le principe divin-humain dans cette forme procédait de Dieu ou de la pure Divinité, comme un fils procède de son père, et que toutes les substances maternelles furent aussi excitées et mises en une forme humaine, par la puissance divine seule. Ainsi le Seigneur, pendant qu'il était sur la terre, fut appelé *le Fils de Dieu,* à cause de la forme qui était née d'une Vierge, et à cause de celle qui était descendue du ciel.

La divine Vérité, qui, comme il a été observé, descendit plus particulièrement, et fut plus immédiatement adjointe à la forme humaine visible, était la même que la Parole, dont il est écrit : « Au » commencement était la Parole, et la Parole était » Dieu : toutes choses ont été faites par elle, et » rien de ce qui a été fait n'a été fait sans elle ; et » *la Parole a été faite chair,* et elle a habité parmi » nous ; et nous avons vu sa gloire, la gloire comme » du *Fils unique* du Père, plein de grâce et de vé» rité. » Jean, I, 1, 3, 14.

L'œuvre de la rédemption ne consiste pas, comme on l'a trop généralement supposé, dans le sacrifice du Fils s'offrant lui-même comme victime à la place du genre humain, dans la vue d'apaiser la colère du Père, pour satisfaire sa justice vindicative, et par-là expier les péchés du monde : car premièrement il n'y a point en Dieu une passion aussi odieuse que la colère, ni un attribut tel que la justice vindicative; et secondement il est contraire à tout principe de justice humaine et divine, que l'innocent souffre pour les crimes du coupable. Mais la rédemption étant une œuvre purement divine, consistait dans la subjugation actuelle des puissances des ténèbres, dans l'arrangement en ordre des cieux, et dans l'établissement d'une nouvelle Eglise sur la terre.

On peut bien croire qu'une opération de cette nature, conduite par une puissance divine, fut capable de briser la tête du serpent, selon la prédiction et la promesse qui fut faite après la chute de l'homme, c'est-à-dire, de détruire la domination de l'amour de soi et de l'amour du monde en l'homme. Mais comment le sacrifice, l'expiation, ou l'apaisement de la prétendue colère de la Divinité, par un être qui n'était pour rien dans les offenses, pourrait-il produire quelque changement d'état dans le coupable et impénitent ? et sans un changement d'état, comment une personne non régénérée pourrait-elle être susceptible de jouir de la félicité céleste ? Un mode de rédemption tel qu'on le suppose est contraire à tout principe de la saine raison, et obscurcit toutes nos idées des attributs et des perfections divines. Il est surtout entièrement opposé à la vérité de la divine révélation bien entendue; car elle nous enseigne très-clairement que Dieu est pur amour et miséricorde, et que toute la satisfaction ou expiation qu'il demande est que, de notre part, nous tâchions de renoncer au péché par la repentance; de rejeter hors de nous le mal de nos actions, et de retourner à lui avec sincérité, en un mot, comme dit le prophète : « de faire ce qui est juste, d'aimer la miséricorde, et de marcher humblement avec Dieu »; pendant que de son côté il est toujours présent avec son Esprit, pour nous donner le pouvoir d'agir ainsi, et diriger nos pas dans la voie qui conduit à la vie éternelle.

C'est pourquoi il est écrit : « Obéir *vaut mieux que sacrifier*. I, Samuel, XV, 22. *Tu n'as point voulu de sacrifice ni d'offrande ; tu n'as pas demandé* d'holocauste ni d'hostie pour le péché. Psaum. XL, 6 ». La même chose est répétée dans un autre endroit, presque dans les mêmes mots, mais avec une addition qui explique le genre de sacrifice qui est réellement agréable à Jéhovah : « *Tu n'as point voulu de sacrifice;* autrement je t'en aurais offert; *tu n'aimes pas* les holocaustes : les sacrifices agréables à Dieu sont *un cœur contrit*. Ps. LI, 18, 19 ». Jéhovah dit aussi par son serviteur Osée : « Je veux la *miséricorde*, et non le *sacrifice*. Osée, VI, 6 ». Ces mots sont expressément cités par notre Seigneur dans l'Évangile, comme ayant un rapport immédiat à la grande fin pour laquelle il est venu dans le monde. *Voy.* Matthieu, IX, 13. Et quoique plusieurs aient prétendu que les sacrifices et les holocaustes, enjoints aux enfans d'Israël, étaient agréables à Jéhovah, parce qu'ils leur rappelaient le sacrifice futur de son Fils sur la croix, dont le sang devait être répandu, afin de le rendre propice au genre humain; cependant une pareille notion ou vue est étrangère au vrai dessein de leur permission, et ils étaient tous représentatifs du culte du cœur, ou de l'obéissance à la loi divine, c'est ce qui est évident par cette déclaration formelle : « Ainsi dit Jéhovah des armées, le » Dieu d'Israël : je n'ai point parlé à vos pères, ni » fait de commandement, au jour que je les ai ti- » rés de la terre d'Égypte, *touchant les holocaustes* » *et les sacrifices.* Mais voici ce que je leur ai com- » mandé : obéissez à ma voix, et je serai votre » Dieu, et vous serez mon peuple : et *marchez dans* » *toutes les voies que je vous commanderai*, afin » que vous soyez comblés de biens ». Jérémie, VII, 22, 23.

Il a été dit ci-dessus, que la rédemption consistait en trois choses, savoir : 1.° la subjugation des puissances des ténèbres; 2.° l'arrangement en ordre des Cieux; et 3.° l'établissement d'une nouvelle Eglise sur la terre. La subjugation des puissances des ténèbres est appelée jugement dans l'Écriture-Sainte; et cela fut accompli par le Seigneur pendant qu'il était dans l'humanité sur la terre, comme il est évident par ses propres paroles :

« C'est maintenant *le jugement de ce monde* : main» tenant *le prince de ce monde sera jeté dehors* ». Jean, XII, 31. « *Le prince de ce monde est jugé* ». Jean, XVI, 11. « Ayez bon courage : *j'ai vaincu le* » *monde* ». Jean, XVI, 33. « Je voyais *Satan com-* » *me un éclair tombant du ciel* ». Luc, X, 18. En même temps il forma de nouveaux cieux en haut, et une nouvelle terre en bas, c'est-à-dire, une nouvelle Église dans le monde spirituel et dans le monde naturel, où, selon les prophéties, doivent habiter la justice et la paix. Ainsi par la vertu de sa Divinité, opérant dans et par son Humanité, il délivra le genre humain de la puissance accablante du mal, réduisit en ordre toutes choses dans le ciel, et jeta les fondemens d'une nouvelle Église spirituelle sur la terre. Cette opération, commencée dans la divine miséricorde, et continuée par la divine puissance, constitue véritablement la rédemption.

IX. *De la glorification de l'Humanité du Seigneur.*

La descente de Jéhovah Dieu dans le monde, par l'incarnation, ayant pour objet le rétablissement de l'homme, comme il a été dit ci-dessus ; il était nécessaire, quand cette œuvre fut accomplie, qu'il remontât ou retournât dans la gloire dont il avait paru privé lorsqu'il s'était humilié au point de prendre sur lui notre infirme nature. En un mot il était nécessaire qu'il se dépouillât de ce corps matériel, dont il s'était revêtu pour un temps, et qui cachait en grande partie aux hommes la gloire de sa Divinité. Mais comme la rédemption de l'homme ne fut et ne pouvait être effectuée que par l'Humanité en conjonction avec la Divinité; de même, afin de perpétuer cette nouvelle condition de l'Agent divin, et qu'il pût être rédempteur et sauveur éternellement, il unit en lui-même graduellement tous les attributs et toutes les formes de l'humanité. Cette union de l'essence divine avec l'humaine qui fut mutuelle et réciproque, fut précédée des plus graves et des plus cruelles tentations, dont la dernière fut la passion de la croix, par laquelle le Seigneur quitta la vie purement naturelle, avec toutes les infirmités qui lui sont attachées, et entra ainsi dans la vie purement divine, quoique dans et avec une humanité parfaitement glorifiée et divine.

L'union réciproque de la Divinité avec l'Humanité, et de l'Humanité avec la Divinité, dans laquelle consistait la glorification du Fils, ou son union avec le Père, après la tentation, est ainsi décrite par l'évangéliste. « Jésus dit : l'heure est venue que le » *Fils de l'homme doit être glorifié.* Maintenant mon » âme est *troublée* : et que dirai-je ? Père, délivre-» moi de cette heure : mais, *c'est pour cela* que je » suis venu en cette heure. Père, *glorifie ton nom.* » Alors on entendit une voix du ciel, qui dit : *je l'ai* » *glorifié*, *et je le glorifierai encore* ». Jean, XII, 23, 27, 28. « Quand Judas fut sorti, Jésus dit : » maintenant le *Fils de l'homme est glorifié*, et *Dieu*

» *est glorifié en lui*. Si dieu est glorifié *en lui*, Dieu » le glorifiera aussi *en lui-même*, et il le *glorifiera* » *bientôt* ». Jean, XII, 31, 32 «. Père, l'heure est » venue : *glorifie ton Fils*, afin que ton Fils aussi *te* » *glorifie* ». Jean, XVII, 1, 5. Et pour nous montrer que la grande fin et le but de toutes les souffrances que notre Seigneur endura, pendant qu'il resta sur la terre, était, non l'appaisement de quelque colère dans le Père, mais la glorification de son Humanité, selon les principes éternels de l'ordre divin, il dit à ses disciples : « Ne » fallait-il pas que le Christ souffrît ces choses, et » qu'il entrât dans sa gloire ? » Luc, XXIV, 26.

La glorification de l'Humanité fut la même chose que le retour de Jésus au Père, ou à la divine essence de laquelle il était sorti. C'est pourquoi il dit : « Je suis sorti du Père, et je suis venu dans le » monde : à présent je laisse le monde, et *je vais* » *au Père* ». Jean, XVI : 8. Avant la glorification et pendant qu'elle s'opérait, c'est-à-dire, lorsqu'il était dans son état d'humiliation, le Seigneur était en apparence distinct du Père ; car il le priait, et disait que le Père était plus grand que lui, et qu'il était venu pour faire sa volonté. C'est dans cet état aussi qu'il souffrit les tentations et le crucifiement. Mais dans l'état de glorification, il dit, que lui et le Père étaient un ; que le Père était en lui, et lui dans le Père ; que toutes les choses qui étaient au Père étaient à lui ; et enfin, après sa résurrection, que toute puissance lui était donnée dans le ciel et sur la terre.

De ce qui vient d'être dit, il s'ensuit donc, qu'après la descente de Jéhovah Dieu dans le monde, et pendant le temps qu'il fut revêtu d'une Humanité visible aux hommes, il soutint un caractère et un titre conformes à la basse condition et apparence qu'il avait prise; mais que lorsqu'il remonta, il retourna dans cette gloire ineffable qu'il avait avant tous les mondes, et qui maintenant, par l'effet de l'incarnation et de la glorification, brille d'un éclat septuple, comme l'exprime le prophète: « la lumière de la lune sera comme la lumière du » soleil, et la lumière du soleil sera *septuple*, comme » la lumière de *sept jours*, dans le jour que Jého- » vah bandera la plaie de son peuple, et qu'il gué- » rira sa blessure ». Isaïe, XXX, 26.

X. *Du Saint-Esprit ou de la divine Opération.*

Jéhovah s'étant ainsi manifesté non-seulement comme Créateur, mais aussi comme Rédempteur et Sauveur, par le moyen de l'Humanité qu'il prit dans le monde; et étant retourné au ciel avec et dans son Humanité glorifiée, il fallait, en son absence personnelle de l'Église, assurer à cette Église la présence de son Saint-Esprit : et cela fut effectué par le divin Vrai, procédant immédiatement du corps glorifié du Seigneur par le Père, ou de la divine Essence en lui. De là le Saint-Esprit, appelé aussi l'Esprit de Vérité et le Consolateur, devint un nouveau caractère du Seigneur, provenant de son incarnation comme divin Vrai, ou comme sa Parole, et de sa glorification subséquente; d'où vient qu'il est écrit : « Je vous ai dit la vérité : il vous est utile que » je m'en aille ; car si je ne m'en vas point, *le Con-* » *solateur ne viendra point à vous ;* mais si je m'en » vas, *je vous l'enverrai.* Quand *l'Esprit de vérité* » sera venu, il vous conduira dans toute vérité ; car » il ne parlera pas de *lui-même.* Il me glorifiera, » parce qu'il recevra *de ce qui est à moi*, et il vous » l'annoncera. Toutes les choses qu'a le Père sont » *à moi :* c'est pourquoi je vous dis qu'il recevra » *de ce qui est à moi*, et vous l'annoncera ». Jean, XVI, 7, 13 à 15. « *Le Saint-Esprit n'était pas en-* » *core*, parce que Jésus n'était pas encore glorifié ». Jean, VII, 39. Mais après sa glorification : « Jésus » souffla sur ses disciples, et leur dit : *recevez le* » *Saint-Esprit* ». Jean, XX, 22.

Dans ces passages, le Saint-Esprit, quoique en apparence représenté comme une personne distincte, ne pouvait en réalité être considéré comme tel; parce qu'il est expressément dit de lui, qu'il ne parlerait pas *de lui-même*, mais qu'il recevrait *du Seigneur ;* que le Saint-Esprit *n'était pas encore*, avant la glorification de Jésus; et enfin que le *souffle* ou *la divine Vérité*, procédant de lui, après sa glorification, *est le Saint-Esprit.* De plus il est évident de ce que le Saint-Esprit n'était pas avant la glorification de Jésus, que, à quelques égards, il doit être distingué de l'Esprit de Jéhovah, ou même de l'Esprit de sainteté, qui existait avant l'incarnation. Et il est remarquable, que dans l'original de l'Ancien-Testament le nom de *Saint-Esprit* n'est pas mentionné une seule fois, quoique on y trouve trois fois celui d'*Esprit de Sainteté*, savoir : une fois dans le Psaume LI, 13 ; et deux fois dans Isaïe, LXIII, 10, 11. De plus il n'est dit nulle part, dans l'Ancien-Testament, que les prophètes ayent parlé par le Saint-Esprit, mais par Jéhovah. La différence entre l'un et l'autre sera vue dans ce qui suit.

Par l'*Esprit de Jéhovah*, il faut entendre le divin Vrai procédant de lui, et opérant par le moyen des anges et des esprits. Cette opération, passant par un tel milieu, quoique appropriée aux besoins et nécessités des temps antérieurs à l'incarnation, devint enfin, à cause de l'accumulation du mal, insuffisante pour la réformation, la régénération et le salut du genre humain. Il était donc nécessaire, que le Seigneur prît l'Humanité, et par son divin Vrai procédant *immédiatement* de lui-même, quand il fut glorifié, aussi bien que *médiatement* par les anges et par les esprits, rétablît l'homme dans la capacité de recevoir une nouvelle vie spirituelle. C'est ce divin Vrai, procédant *médiatement* et *immédiatement* du Seigneur, qui est emphatiquement appelé le *Saint-Esprit*, parce que l'Humanité, maintenant glorifiée, est la seule source et fontaine de toute sainteté : ainsi qu'il est écrit : « Qui ne te » craindra point, Seigneur, et ne glorifiera point

» ton nom ? *car toi seul es Saint* ». Apocal., XV, 4. Par le dernier Esprit, c'est-à-dire, par le Saint-Esprit, l'homme est aussi rendu capable de comprendre les choses spirituelles, même d'une manière naturelle et rationnelle, et d'avoir une vue plus ample et plus satisfaisante des grandes vérités de la révélation, spécialement de Celui de qui seul elles procèdent, duquel seul elles traitent, et auquel seul elles conduisent continuellement.

Outre cela, nous apprenons encore que le Seigneur lui-même est le Saint-Esprit, puisque celui de qui une chose procède doit être essentiellement le même qu'elle, mais dans le premier ordre et degré. Ainsi après s'être identifié avec le Père, il s'identifie de la même manière avec le Consolateur, ou l'Esprit de vérité, qu'il promit d'envoyer après son départ personnel de ce monde, en disant à ses disciples : « Je ne vous laisserai point orphelins : » *Je viendrai à vous* ». Jean, XIV, 18.

XI. *De la divine Trinité.*

Ayant, dans les pages précédentes, considéré le Seigneur comme Père, comme Fils, et comme Saint-Esprit ; et ayant identifié ces trois essentiels comme un seul Dieu individuel, il suit de ce que nous avons dit, qu'il y a une Trinité divine dans la personne de notre Seigneur et Sauveur Jésus-Christ, semblable à la trinité humaine de l'âme, du corps et de l'opération qui en procède dans chaque homme. Comme les trois essentiels qui constituent la trinité humaine ne dérogent pas dans le moindre degré à l'unité de la nature de l'homme, de sa perception et de sa vie; de même les trois essentiels qui constituent la trinité divine, ne violent pas dans le moindre degré l'unité divine, mais, au contraire, l'exaltent, l'illustrent et la confirment.

Affirmer, comme font quelques-uns, que le Père est une personne, le Fils une autre, et le Saint-Esprit une troisième, chacune distincte des deux autres, chacune étant *par elle-même* Dieu et Seigneur complet, quoiqu'à l'une soient accordés les attributs et propriétés refusés aux autres, et toutes trois existant en même temps ensemble, c'est-à-dire, toutes trois coexistant ensemble de toute éternité, c'est reconnaître une trinité de Dieux, d'une manière si évidente, quoique contradictoire, qu'aucune palliation quelconque, aucune confession des lèvres d'un seul Dieu, ne peuvent plus être admises que comme apologie de l'insulte faite et aux Saintes Écritures et à la raison. Tout ce que l'on peut accorder aux professeurs de cette foi, est que les trois Dieux, qu'ils affectent de reconnaître, soient quelquefois *unanimes*. Néanmoins il paraît qu'ils ne l'ont pas toujours été, puisque l'un a exigé une expiation pour le péché, que les deux autres ne pensaient pas nécessaire. Mais, sans nous arrêter aux absurdités d'une doctrine qui a complétement perverti l'Église, et introduit une espèce de paganisme rafiné à la place de la vraie religion chrétienne, il suffit d'observer que dans le siècle apostolique, une pareille foi était inconnue, et que les premiers Chrétiens étaient satisfaits de reconnaître et d'adorer Jésus-Christ comme le vrai Dieu ; la doctrine de la trinité de personne n'ayant été inventée que peu de temps après la publication du Christianisme.

Ce déplorable état de l'église chrétienne est clairement prédit par notre Seigneur, dans le 24.e chapitre de l'évangile selon Matthieu ; et ses dangereux principes, qui dominent si universellement aujourd'hui, sont appelés par lui l'abomination de la désolation, existant dans le lieu saint ou l'Eglise, dont parle le prophète Daniel. Mais en même temps la promesse fut faite, qu'à la consommation ou à la fin de l'Eglise, une nouvelle Eglise serait établie, laquelle, dans la doctrine et dans la vie, reconnaîtra un seul Dieu, en une seule personne divine, dans laquelle néanmoins est une Trinité divine, ainsi qu'il a été déjà expliqué : le Père ou la divine essence étant l'âme, le Fils ou la divine humanité étant le corps, et le Saint-Esprit étant l'influence ou opération qui en procède ; le tout constituant un seul et même Dieu, qui n'est autre que notre toujours adorable Seigneur et sauveur Jésus-Christ.

Pour confirmer cette doctrine dans toute sa plénitude, il faudrait transcrire une grande partie de l'Ecriture Sainte ; mais, comme sans une pareille autorité il serait possible que quelques lecteurs eussent encore des doutes, consultez les pages suivantes, et la vérité paraîtra manifestement.

Que notre Seigneur Jésus-Christ est le Père, cela est prouvé par Isaïe, IX, 6. Jean, X, 30; XII, 45; XIV, 7, 9; XVI, 15; XVII, 10. Apoc. I, 8, 11, 17; XXII, 13. Outre un grand nombre d'autres passages, qui déclarent que le Rédempteur et Sauveur du monde n'est autre que Jéhovah.

Qu'il est le Fils, c'est universellement reconnu; néanmoins voyez Matthieu, I, 23; III, 17. Luc, I, 31, 32, 35. Jean, I, 18, etc.

Et *qu'il est le Saint-Esprit,* cela est prouvé par Jean, VII, 39; XIV, 18; XVI, 14; XX, 22. Apocal. II, 7, 11, 17, 29; XV, 4.

De tous ces passages, et d'un grand nombre d'autres, comparés entre eux, il est évident qu'il n'y a qu'un seul Dieu en une seule personne, dans laquelle est la divine Trinité du Père, du Fils et du Saint-Esprit; et que notre Seigneur et Sauveur Jésus-Christ est ce seul Dieu.

XII. *Du Seigneur.*

Nous avons déjà traité de l'être et de l'unité de Dieu, qui, comme la source inépuisable de toute vie, est appelé *Jéhovah* ou *Je suis*, dans l'Ancien-Testament. Nous avons vu également que le même être divin n'est pas seulement le créateur de tous les mondes; mais que, dans le temps requis, il est devenu aussi le Rédempteur et Sauveur du genre humain, en descendant sur cette terre, en prenant notre nature, et par là délivrant ses créatures de la puissance du mal qui les dominait. Or il faut remarquer, que dans le Nouveau-Testament, le Seigneur n'est nulle part nommé Jéhovah, comme il l'avait été dans les temps antérieurs à l'incarnation; circonstance qui sans doute doit avoir pour raison, indépendamment de son rapport aux préjugés des Juifs, quelque nouvelle condition de l'existence divine, ou quelque nouvelle relation ouverte entre le Créateur et la créature, par l'incarnation.

Pendant que les hommes étaient dans l'habitude de recevoir des communications du ciel par le moyen des prophètes, aucune violence apparente n'était offerte à leur raison, et ils n'étaient point en danger de profanation, étant instruits, en termes clairs, que les révélations ainsi données étaient dictées par Jéhovah même. Mais quand il vint lui-même dans le monde, sous une forme humaine, de manière qu'il ne fut regardé par les hommes que comme un être purement humain semblable à eux, s'il se fût ouvertement et constamment annoncé comme Jéhovah, comme ce Dieu de leurs pères, qui avait anciennement commis Moïse et d'autres pour leur faire connaître sa volonté, il leur aurait été impossible de le recevoir dans un caractère si sublime, de le reconnaître comme Créateur et conservateur de l'univers. Au contraire, ils l'auraient traité avec encore plus de mépris qu'ils ne firent généralement; ils auraient dédaigné sa conversation, et auraient unanimement prononcé ce que quelques-uns d'entre eux seulement osèrent dire : « Qu'il avait un démon, et qu'il était fou. »

Ce fut donc par un pur mouvement de miséricorde et d'amour de la part de Jéhovah, lorsqu'il vint en chair, non-seulement envers le peuple juif, mais envers tous les autres, qui, parce qu'il se manifestait sous la forme d'un homme, concluaient trop à la hâte qu'il n'était que cela en réalité; ce fut, dis-je, par ce motif, qu'au lieu du nom de *Jéhovah*, il prit celui de *Seigneur*, et au lieu de *Père*, celui de *Fils*. C'est pourquoi, et aussi parce qu'il n'était pas permis aux Juifs de prononcer le nom de *Jéhovah*, toutes les fois qu'un passage de l'Ancien-Testament contenant ce nom est rapporté dans le Nouveau, au mot *Jéhovah* est substitué celui de *Seigneur* ; ce qui indique évidemment que le dernier est équivalent au premier, quoiqu'avec cette signification additionnelle, que le nom de *Seigneur* est usité pour désigner *Jéhovah dans l'Humanité* ou *Dieu Incarné*.

Mais on peut donner une autre raison pour quoi le mot *Jéhovah* ne se trouve nulle part dans les Évangiles, et aussi pour quoi celui de *Seigneur*, son substitut direct, ne distingue pas toujours Jésus, étant fréquemment appelé *Maître* et *Christ*, aussi bien que *Seigneur*. Pendant son séjour sur la terre, ou avant sa glorification, quoiqu'il fût en effet *Jéhovah dans l'Humanité*, il n'était pas néanmoins à tous égards Jéhovah *quant à l'Humanité :* car, dans le premier état, il était encore sujet aux infirmités dérivées de sa mère ; mais, dans le dernier état, il en était totalement exempt. De plus, dans le premier état, il soutenait plus particulièrement le caractère de *Divin Vrai ;* et à cet égard il est souvent appelé *Christ* et *Maître*, ces mots ayant plus immédiatement rapport au Divin Vrai, qu'au Divin Bien. Mais lorsqu'il devint un avec le Père, même quant à l'Humanité, c'est-à-dire lorsqu'il revêtit en entier le caractère de *Divin Bien*, qui est supérieur à celui de Divin Vrai (*Voy.* Jean, XIV, 28.), ce qui fut pleinement accompli après sa résurrection, le nom de *Seigneur* lui est plus uniformément donné par ses disciples, et très-emphatiquement par Thomas, qui, dans l'ardeur de sa foi, s'écrie : « *Mon Seigneur et mon Dieu !* » Jean XX, 28.

A l'appui de ce qui vient d'être dit, d'abord touchant le danger de la profanation, que plusieurs auraient encourus si le Seigneur avait parlé à la multitude autrement qu'en un langage parabolique ou allégorique, nous lisons que Jésus dit à ses disciples : « Il vous est donné de connaître les mystères du royaume de Dieu ; mais pour les autres (il n'est parlé que) en paraboles, afin que voyant *ils ne voient point*, et qu'entendant *ils ne comprennent point.* » Luc, VIII, 10. Jésus dit encore : « Je suis venu dans ce monde pour le jugement, afin que ceux qui ne voient point voient ; et que ceux qui voient *deviennent aveugles.* » Jean IX,

39. Et même il dit à ses disciples, qui ne pouvaient pas encore comprendre le sens de ses paroles, ni » discerner le haut caractère qu'il avait réellement » soutenu : J'aurais encore beaucoup de choses à » vous dire ; mais *vous ne pourriez pas les suppor-* » *ter présentement.* » Jean, XVI, 12.

En second lieu, à l'égard du nom de *Seigneur* substitué à celui de *Jéhovah*, nous trouvons que Jésus, quand il cite le premier commandement : « Ecoute, Israël, *Jéhovah* notre Dieu est le seul *Jéhovah* », etc., Deutér. VI, 4, s'exprime ainsi : « Ecoute, Israël, le *Seigneur* notre Dieu est le seul » *Seigneur* », etc. Marc, XII, 29. Et citant ces mots : « *Jéhovah* dit à mon *Seigneur.* » Psaume CI, 1, il les rend de cette manière : « Le *Seigneur* dit à mon *Seigneur* ». Matthieu, XXII, 44. Le bras de *Jéhovah*, Isaïe, LIII, 1, est appelé le bras *du Seigneur*, Jean, XII, 38 ; et cela se rapporte si évidemment à la puissance merveilleuse de Jésus, qu'aucun doute ne peut s'élever qu'il ne soit le vrai *Jéhovah* de l'Ancien-Testament, puisqu'il est reconnu comme le seul Seigneur du Nouveau.

Par le mot *Seigneur*, partout où il se trouve dans l'Ecriture-Sainte comme nom de Dieu, nous devons donc toujours entendre *Jéhovah dans l'Humanité*, ou, en d'autres termes, le Sauveur du monde *Jésus-Christ*, qui a toute puissance dans le ciel et sur la terre, Matth., XXVIII, 18 ; qui est un avec le Père et le même que lui, Jean XIV, 7 à 11 ; et qui par conséquent dit à ses disciples : « Vous m'ap-

» pelez *Maître* et *Seigneur*, et vous dites bien : car » *je le suis* ». Jean XIII, 13.

On peut encore remarquer, touchant le nom de *Seigneur*, qu'il indique une relation plus prochaine et plus précieuse à l'homme, que celle de *Jéhovah* ou de *Dieu*, ou des deux ensemble, parce qu'il enferme tous les attributs et toutes les perfections de la Divinité. De là vient, en général, que toutes les fois qu'un membre de la vraie Église a occasion de parler de l'Être Suprême, surtout en s'adressant à un autre membre de la même Église, il se sert spontanément du nom de *Seigneur*. Mais d'un autre côté, toutes les fois qu'une personne qui peut être considérée dans un état de séparation de l'Église, ou même dans ses extérieurs seulement, est dans le même cas, elle emploie spontanément le nom de *Dieu*. A la vérité, quelquefois un membre de la vraie Église interne se sert aussi du dernier mot; mais on observe en général que c'est ou pour s'accommoder aux états des autres, ou parce qu'il est question d'un sujet qui n'enferme pas immédiatement l'identité de Jésus avec Jéhovah. Le premier nom, c'est-à-dire celui de *Seigneur*, vient, dans ceux qui s'en servent, d'une perception intérieure, et de la reconnaissance de la divine présence sous une forme humaine, accompagnée de la confiance en sa providence et en sa protection : l'autre nom, celui de *Dieu*, de la part de ceux qui l'emploient habituellement, annonce ordinairement une idée vague, éloignée et obscure de l'être ainsi dénommé.

Nous conclurons cet article par une citation de l'apôtre Paul, qui, quelque singulière qu'elle paraisse, fait honneur au discernement même d'un apôtre : « Je vous déclare (dit-il) que personne ne peut dire que *Jésus est le Seigneur, sinon par le Saint-Esprit* » I. Corint. XII, 3. Le Saint-Esprit est le Divin Vrai.

XIII. *De la Sainte Ecriture, ou de la Parole de Dieu.*

Comme l'homme est né dans l'ignorance totale des choses divines, et incapable de tirer de la seule lumière de la nature quelque connaissance réelle de l'existence de Dieu, de la vie éternelle, du ciel et de l'enfer, et de plusieurs autres objets qui servent à son bien être et félicité à venir, une révélation est nécessaire pour suppléer à ce défaut. Dans tous les âges du monde donc les hommes ont eu une révélation du ciel, soit par une espèce d'inspiration immédiate interne, appelée perception, éclairant chaque individu de l'Église, comme cela eut lieu chez les hommes de la très-ancienne Église, avant le déluge; soit par une Parole écrite externe, comme ce fut le cas chez leurs descendans, après le déluge, et comme c'est encore le cas aujourd'hui. La première révélation écrite, qui peut être appelée l'ancienne Parole, quoique perdue à présent, est citée par Moïse, Nomb. XXI, 14, 15, 27 à 30; par Josué, X, 12 à 14; par David, dans le second livre de Samuel, I, 17 à 19; et par Jude, 14, 15. A cette ancienne Parole succède la Parole écrite par Moïse et par les prophètes, ordinairement appelée l'Ancien-Testament; et une autre Parole écrite par les évangelistes, ordinairement appelée le Nouveau-Testament; l'une et l'autre Parole sont comprises dans ce que nous appelons maintenant la Sainte-Ecriture ou la parole de Dieu.

La Parole étant une révélation de l'Être divin, doit par conséquent être essentiellement sainte et divine; contenant en son sein l'amour divin et la sagesse divine, ou, ce qui revient au même, le divin Bien et le divin Vrai, procédant ensemble de Jéhovah, le Seigneur lui-même, et accommodée à tous les états possibles de réception, et dans le ciel et dans l'église. De là dans sa descente aux hommes sur la terre, elle prend un sens ou divinement céleste, ou divinement spirituel, ou divinement naturel, selon les trois degrés de vie, ou de réception de la vie, dans les anges et dans les hommes; excitant des idées et des perceptions célestes chez les anges du troisième ou plus haut ciel, des idées spirituelles chez les anges du second ciel ou ciel du milieu, et des idées célestes-naturelles ou spirituelles-naturelles chez les anges du premier ou plus bas ciel : en outre elle se présente aux hommes sur la terre dans une forme ou sens littéral historique et prophétique, lequel, quoique susceptible d'être séparé en idée des sens supérieurs ou intérieurs, est cependant parfaitement uni avec eux, à cause de la correspondance qui existe entre ces sens, et en même temps de la divine présence dans ces mêmes sens, laquelle est leur vraie vie et âme.

Par le sens divinement céleste, on doit entendre tout ce qui a un rapport plus immédiat au Seigneur et à son divin amour, ou au divin bien, procédant de lui, et échauffant le cœur du sujet qui le reçoit; par le sens divinement spirituel, tout ce qui se rapporte à la divine sagesse, ou au divin vrai procédant de lui, et éclairant l'entendement; et par le sens divinement naturel, l'ensemble des deux autres dans leurs dernières formes ou terminaisons; l'amour se manifestant comme simple obéissance, et la sagesse comme perception obscure du vrai, ordinairement appelée foi. Ainsi la Parole du Seigneur est accommodée aux anges des trois cieux, et aussi aux hommes sur la terre : de manière que la vraie nature et qualité de l'Eglise, parmi les sociétés et les individus, sera toujours selon la qualité et le degré de sa réception dans l'entendement et dans la vie.

Dans son sens externe la Parole paraît traiter beaucoup des choses mondaines et terrestres; et de là plusieurs concluent qu'elle ne diffère que peu des autres écrits: mais dans son sens interne elle traite seulement des choses célestes et divines, qui sont représentées et signifiées par les mondaines et terrestres. Dans le sens interne elle est pleine de gloire, et offre un tel développement de sagesse divine et d'amour divin, qu'elle ne peut être égalée par aucune autre production : tandis que dans le sens externe elle est comme une nuée qui intercepte les rayons de la lumière céleste et en même temps défend son contenu intérieur de l'œil fantasque de la curiosité, et du danger de la profanation. C'est pour cela que la venue du Seigneur dans sa Parole, pour ouvrir et révéler son sens spirituel aux esprits capables de le discerner, est appelée une venue dans les nuées du ciel avec puissance et grande gloire.

De plus la Parole est le seul moyen de conjonction avec le ciel et avec le Seigneur lui-même, qui est intimement présent dans sa Parole, et par-là donne à l'homme la capacité de jouir de la vie éternelle. C'est cette présence du Seigneur dans sa Parole, communiquant la vie spirituelle à ceux qui embrassent la divine vérité qui y est contenue, et qui tâchent de vivre selon ses préceptes, c'est, disons-nous, de cette présence qu'il parle, quand il dit : « Les paroles que je vous dis sont *esprit* » et elles sont *vie.* » Jean, VI, 64. « Quiconque boit » de l'eau que je lui donnerai, n'aura jamais soif : » mais l'eau que je lui donnerai sera en lui une source » d'eau jaillissante dans la *vie éternelle.* » Jean, IV, 14. « L'homme ne vivra pas seulement de pain, » mais de toute *parole* procédant de la bouche de » Dieu. » Matthieu, IV, 4.

Quand il est dit dans le premier chapitre de l'Evangile de Jean, que le Seigneur lui-même est la Parole, comme étant le divin Vrai contenu en elle; que par elle toutes choses visibles et invisibles ont été créées, et qu'elle s'est fait chair ; cela doit s'entendre seulement à l'égard de ces livres qui dans leur sens intérieur traitent de son royaume, et qui furent dictés ou par lui-même, ou par l'esprit procédant de lui : car ces livres seuls peuvent être considérés comme éminemment saints et divins. Ce sont, dans l'ancien Testament, les cinq livres de Moïse, appelés : la Genèse, l'Exode, le Lévitique, les Nombres, et le Deutéronome; le livre de Josué, le livre des Juges, les deux livres de Samuel, les deux livres des Rois, les Psaumes de David, les Prophètes Isaïe, Jérémie, avec les Lamentations; Ezéchiel, Daniel, Ozée, Zoël, Amos, Obédias, Jonas, Michée, Mahum, Habacuc, Sophonie, Aggée, Zacharie et Malachie; et dans le Nouveau-Testament, les quatre Evangélistes, Matthieu, Marc, Luc, Jean, et l'Apocalypse. Les autres livres peuvent être très-utiles, autant qu'ils sont d'accord avec ceux-là; mais ils ne peuvent point être regardés comme égaux à eux, ou mis en comparaison avec eux, parce qu'ils manquent de ces prérogatives infiniment supérieures qui doivent toujours établir une distinction entre les productions divines et celles purement humaines.

XIV. *Du Décalogue, ou des Dix Commandemens.*

Les dix Commandemens étant les prémices

de la Parole, et contenant un sommaire de toutes les choses relatives à la Religion ou à l'amour envers Dieu et à l'amour envers le prochain, doivent être reçus et reconnus non-seulement comme lois d'obligation naturelle, civile et morale, mais encore comme lois de la vie vraiment spirituelle et céleste, selon le degré dans lequel ils sont ouverts et appliqués. Dans l'Eglise israélitique ils étaient regardés comme très-saints, à cause de leur origine et de la divine présence qui les accompagnait. Leur suprême sainteté est évidente, par les circonstances suivantes, savoir : que Jéhovah le Seigneur lui-même descendit sur le mont Sinaï au milieu du feu, et les y promulgua de vive voix ; que des barrières furent posées autour de la montagne, afin que personne n'en approchât et ne mourût ; que ni les prêtres, ni les vieillards n'en approchèrent, excepté Moïse ; que ces commandemens furent écrits sur deux tables par le doigt de Dieu ; que la face de Moïse était rayonnante, lorsqu'il apporta la seconde fois du haut de la montagne les deux tables ; que les tables furent ensuite déposées dans l'arche, et l'arche dans la partie la plus intérieure du tabernacle, avec le propitiatoire sur elle, et les deux chérubins d'or sur le propitiatoire ; que la partie la plus intérieure du tabernacle où l'arche était gardée, fut appelée le Saint des Saints ; que, au dehors du voile, au-dedans duquel l'arche était placée, il y avait divers objets qui représentaient les choses saintes du Ciel et de l'Eglise, tels que la table revêtue d'or, les pains de proposition, l'autel d'or, sur lequel étaient les parfums, le chandelier d'or avec sept lampes, et des rideaux tout autour, faits de fin lin, de pourpre et d'écarlate; la sainteté de tous lesquels objets venait uniquement de la loi renfermée dans l'arche. A cause de la sainteté du tabernacle venant de la loi qui était dans l'arche, tout le peuple d'Israël reçut le commandement de camper autour de l'arche en ordre selon leurs tribus, et de marcher aussi en ordre après elle; pendant lequel temps une nuée était au-dessus d'elle durant le jour, et une colonne de feu pendant la nuit. C'est aussi à cause de la sainteté de cette loi et de la présence de Jéhovah en elle, que Jéhovah parlait à Moïse de dessus le propitiatoire, entre les chérubins; que l'arche même fut appelée Jéhovah, et qu'il ne fut pas même permis à Aaron d'entrer au-dedans du voile, sinon avec des sacrifices et de l'encens, de peur qu'il ne mourût. A cause de la présence de Jéhovah dans la loi et autour d'elle, des miracles furent aussi opérés par l'arche qui la contenait: ainsi les eaux du Jourdain furent divisées; et, pendant que l'arche resta au milieu, le peuple traversa à pied sec; ainsi les murs de Jéricho tombèrent, parce que l'arche fut portée autour; ainsi Dagon, le dieu des Philistins, tomba d'abord le visage contre terre devant elle, et fut ensuite trouvé gissant sur le seuil de son temple, la tête et les mains coupées; ainsi les Bethsémites furent frappés de mort pour avoir regardé l'arche, et Oza périt pour l'avoir touchée. Il est de plus à observer que la même arche fut introduite par David dans Sion, avec des sacrifices et des actions de grâces; et ensuite par Salomon dans le temple de Jérusalem, où elle constituait la partie la plus sacrée. Nous passerons sous silence plusieurs autres circonstances, qui sont également des preuves convaincantes, que le Décalogue était le vrai siége et le centre de la sainteté dans l'Église israélitique.

La raison pour laquelle cette sainteté et cette puissance étaient dans cette loi, est qu'elle contenait le sommaire et la substance de toute religion; car elle était écrite sur deux tables de pierre réunies, afin d'indiquer l'alliance et la conjonction qui ont lieu entre le Seigneur et l'homme, lorsque ce dernier remplit sa tâche, le Seigneur étant toujours prêt à remplir la sienne. Le grand devoir enjoint par les dix commandemens n'est en général rien autre chose, que d'aimer Dieu et le prochain; et par conséquent ils peuvent bien être considérés comme un abrégé de toute la Parole; car celle-ci enseigne de la même manière, quoique plus pleinement, la même doctrine. Cela est confirmé par le Seigneur lui-même, dans ces paroles, Jésus dit: « Tu aimeras » le Seigneur ton Dieu de tout ton cœur, de toute » ton âme, et de tout ton esprit; et ton prochain » comme toi-même : *de ces deux commandemens* » *dépendent toute la loi et les prophètes* ». Matthieu, xxii, 37 à 40. Et dans un autre endroit, lorsqu'un docteur de la loi demande à Jésus ce qu'il doit faire pour hériter de la vie éternelle, il le renvoie au même devoir de l'amour de Dieu et du prochain, en ajoutant : « *fais cela, et tu vivras* ». Luc, x, 25 à 28.

Il est à observer que huit des dix commandemens sont exprimés sous une forme prohibitive, défendant les actions mauvaises et contre la charité, et n'enjoignant pas positivement les choses contraires, c'est-à-dire, les œuvres de piété, de miséricorde et de bonté. Ainsi il est dit dans le 1.er commandement : tu n'auras point d'autres dieux devant moi; dans le 2.e : tu ne prendras point en vain le nom de Jéhovah ton Dieu ; dans le 5.e : tu ne tueras point; dans le 6.e : tu ne commettras point d'adultère ; dans le 7.e : tu ne déroberas point; dans le 8.e : tu ne porteras point de faux témoignage; dans le 9.e et le 10.e : tu ne convoiteras point ce qui appartient à ton prochain. La raison de cela est, qu'il est nécessaire que l'homme, qui est déjà dans l'amour et dans la pratique des maux ci-dessus énoncés, doit s'en abstenir comme étant des péchés contre Dieu, avant qu'il puisse faire les œuvres de véritable amour et de charité; car ce n'est qu'à proportion qu'il s'abstient du mal, que les bonnes inclinations peuvent être implantées en lui. Par exemple : 1.° Autant quelqu'un n'adore point d'autres dieux, autant il adore le vrai Dieu. 2.° Autant quelqu'un ne prend pas le nom de Dieu en vain, autant il aime et respecte tout ce qui est divin. 3.° Autant quelqu'un ne veut pas commettre de meurtre, ou se livrer à la haine ou à la vengeance, autant il désire le bien de son prochain. 4.° Autant quelqu'un ne veut pas commettre d'adultère, autant il désire de vivre dans la chasteté avec sa femme. 5.° Autant quelqu'un ne veut pas dérober, autant il suit le sentier de la justice et de la sincérité. 6.° Autant quelqu'un ne veut pas porter de faux témoignage, autant il désire de penser et de parler selon la vérité. 7.° et 8.° Autant quelqu'un ne convoite pas les choses appartenantes à son prochain, autant il désire que son prochain soit heureux dans la jouissance de ses possessions. Le même ordre de réformation est indiqué par le Prophète, dans le passage suivant : « Lavez-vous, purifiez-vous; ôtez de devant mes « yeux le mal de vos actions ; cessez de faire le mal, « apprenez à faire le bien. » Isaïe, I, 16, 17. Et ailleurs : « Haïssez le mal, et aimez le bien. » Amos, v, 15.

Des exemples précédens, joints aux 3.e et 4.e commandemens, qui sont exprimés sous une forme directe ou positive, il paraît évident, que toute la tendance et le dessein du Décalogue est d'inculquer les mêmes principes de l'amour envers Dieu et de l'amour envers le prochain, qui sont si fort recommandés dans l'Evangile. Mais comme l'homme ne peut, de lui-même ou par un pouvoir qui lui appartienne, fuir les maux comme péchés, ou faire quelque acte qui soit réellement bon à la vue de Dieu, et que cependant il est appelé à faire l'un et l'autre, il s'ensuit que le devoir qui est exigé de lui consiste à vouloir, penser et agir, *en apparence comme de lui-même*, mais *en réalité par le Seigneur;* c'est-à-dire, en reconnaissant pleinement que l'inclination et le pouvoir d'obéir à la volonté de Dieu dérivent constamment de lui seul. C'est pourquoi il est écrit dans l'Evangile : « L'homme ne peut rien « recevoir que ce qui *lui est donné du Ciel* ». Jean, III, 27. « Celui qui demeure en moi et moi en lui « porte beaucoup de fruit; car *sans moi vous ne pouvez rien faire* ». Jean, XV, 5.

X. *Du Bien et du Vrai.*

Comme l'essence divine peut être distinguée en deux principes de vie, savoir l'Amour divin et la Sagesse divine, ou le divin Bien et le divin Vrai, lesquels néanmoins dans le Seigneur sont parfaitement un; de même, dans le Ciel, dans l'Eglise, et même dans la Nature, tout ce qui existe dans un état d'ordre, a quelque rapport au Bien et au Vrai procédant du Seigneur. Dans le Ciel, ces deux principes sont unis comme en une espèce de mariage, et ils doivent aussi être unis dans chaque membre de l'Eglise sur la terre. Il y a dans chacun de ses principes une tendance mutuelle à s'unir avec l'autre; ils sont réellement unis dans ceux qui sont régénérés, mais non dans ceux qui ne le sont pas.

Le Vrai de la Parole et des autres écrits instructifs entre dans l'esprit humain par une voie externe, principalement par la vue et l'ouïe : mais le Bien, procédant du Seigneur entre par une voie interne et tâche d'élever à lui le Vrai qui a été reçu, et à lui donner ainsi la vie; car jusqu'à ce que le Vrai soit ainsi élevé, il est purement naturel et privé de vie spirituelle.

Dans les premiers états de régénération, l'homme est principalement sous l'influence du Vrai, ou au moins de ce qui lui paraît être tel: car par le Vrai il apprend à connaître la nature et la qualité du mal ainsi que du bien, avec la nécessité de fuir l'un et de pratiquer l'autre. Mais dans le dernier état de régénération, il est plus immédiatement sous l'influence du Bien; et par celui-ci il perçoit et aime le Vrai. Arrivé à cet état, l'homme est dit être régénéré, le Bien et le Vrai sont unis en lui, et il est devenu un sujet du mariage céleste.

Il y a plusieurs sortes de Bien, qui peuvent toutes être comprises dans la division générale en Bien céleste, spirituel et naturel. Les deux premiers portent avec eux le pouvoir de sauver; mais le dernier n'a point ce pouvoir, à moins qu'il ne reçoive un certain degré de vie spirituelle ou céleste qui le lui communique. Il y a aussi plusieurs sortes de Vrai; chaque vérité qui est réellement et spirituellement telle, étant directement ou indirectement dérivée du Bien, et en même temps une forme de ce Bien. Mais plusieurs choses *paraissent* être bonnes et vraies, qui néanmoins ne le sont point *en réalité*, ou au moins ne le sont pas au degré que l'on croyait d'abord: de là une distinction peut être faite entre le Bien et le Vrai *réels*, et le Bien et le Vrai qui ne sont qu'*apparens*. Cela peut être éclairci par une manière de parler très-familière adoptée à l'égard des choses naturelles. Soit en parlant, soit en écrivant, rien n'est plus commun que d'attribuer le mouvement au Soleil, à son lever et à son coucher, quoique ce mouvement n'appartienne qu'à la terre. Ainsi dans les Saintes Ecritures il est dit fréquemment que Dieu est en colère, qu'il punit, qu'il jette en Enfer, et autres expressions semblables; tandis néanmoins que ces expressions doivent être interprétées par rapport aux méchans et non au Seigneur, qui est pur amour et miséricorde envers toutes ses créatures. La première manière de parler, dans ces deux exemples, est donc un Vrai apparent, et la dernière un Vrai réel. Les espèces et qualités de chacun de ces Vrais, peuvent être discernées par un entendement éclairé, agissant sous l'influence d'une affection pure.

Ce qui vient d'être dit du Bien et du Vrai peut très-bien être appliqué, en un sens opposé, au mal et au faux; car, comme toutes les choses dans l'univers qui existent selon l'ordre divin, se rapportent au Bien et au Vrai, de même toutes les choses qui existent contre l'ordre divin se rapportent au mal et au faux; et comme le Bien aime être uni au Vrai et le Vrai au Bien, de même le mal désire être uni au faux et le faux au mal. Enfin, comme toute sagesse et tout entendement naissent de l'union du Bien et du Vrai, de même toute sottise et folie naissent de l'union du mal et du faux. Cette dernière union est appelée le mariage infernal, et la première le mariage céleste.

XVI. *De la Volonté et de l'Entendement.*

L'homme a deux facultés qui constituent sa vie : l'une est appelée *la Volonté*, l'autre *l'Entendement.* Elles sont à la vérité distinctes l'une de l'autre, mais néanmoins tellement formées, qu'elles peuvent devenir une ; et quand elles sont unies, elles sont appelées l'*Esprit* (*Mens*).

L'esprit humain consiste donc en ces deux facultés, et toute la vie de l'homme réside en lui. Comme toutes les choses dans la nature qui existent selon l'ordre divin, se rapportent au Bien et au Vrai, de même toutes choses dans l'homme se rapportent à sa Volonté et à son Entendement. Tout ce qui est bon en lui appartient à sa volonté ou est reçu par elle ; et tout ce qui est vrai en lui appartient à son Entendement ou est reçu par lui. De même l'amour et la sagesse, la charité et la foi, résident dans la Volonté et l'Entendement ; car l'amour et la charité se rapportent au Bien, et la sagesse et la foi se rapportent au Vrai. Toutes les affections appartiennent également à la Volonté, et toutes les pensées à l'Entendement.

L'union de la Volonté et de l'Entendement est comme celle du Bien et du Vrai ; ils sont joints ensemble par une espèce de mariage semblable. Comme donc le Bien constitue l'essence intérieure d'une chose; et le Vrai sa forme extérieure; de même la Volonté en l'homme peut être considérée comme l'essence même de sa vie, et son Entendement comme l'existence dérivée de cette essence, ou comme la forme par laquelle la Volonté se rend visible et apparente.

Ces remarques, néanmoins, s'appliquent seulement à ceux chez qui la Volonté reçoit le Bien, et l'Entendement le Vrai: chez eux le mariage céleste a lieu; mais chez ceux dont la Volonté et l'Entendement sont sous l'influence du mal et du faux, le mariage infernal est déjà formé; ce qui arrivera aussi, tôt ou tard, chez ceux qui ont l'esprit divisé, ou qui, recevant le Vrai dans leur Entendement, restent néanmoins attachés de cœur aux délices du mal.

De sa nature, la Volonté de l'homme incline au mal, et son Entendement au faux; mais il est constitué de telle manière que son Entendement est capable d'être élevé au-dessus de sa Volonté et de percevoir le Vrai, même pendant que les affections de sa Volonté sont plongées dans le mal. Par cette faculté ou ce pouvoir, qui est particulier à l'homme et le distingue de la brute, il peut voir ce qui est droit, juste et bon; et si alors il se soumet aux préceptes de la vérité divine et met un frein aux appétits désordonnés de sa nature corrompue, il acquerra par degrés une nouvelle volonté avec un nouvel Entendement, et sera par là préparé pour la jouissance de la félicité éternelle.

XVII. *De l'Homme interne et de l'Homme externe.*

L'esprit de l'homme est interne et externe : par l'interne il a communication avec le ciel et avec le monde spirituel en général; et par l'externe il a communication avec le monde naturel. Outre cet interne et cet externe, l'homme a aussi un corps matériel qui, pour un temps, le confine aux objets grossiers de la matière, aux sens, à l'espace et au temps. Chez l'homme bon, l'interne est dans la lumière et la chaleur du ciel, qui sont spirituelles, pendant que son externe est dans la lumière et la chaleur du monde, qui sont naturelles, mais en même temps dans un état de subordination et de correspondance à l'interne : aussi, sous ces deux rapports, il prend le caractère d'homme spirituel. Mais chez l'homme méchant, l'interne est dans un état de séparation d'avec le ciel, et tellement plongé dans les délices et les plaisirs des sens, que, quant à son interne et à son externe, il est homme purement naturel, et n'a aucun désir d'élever ses pensées et ses affections au-dessus des choses de ce monde.

Autant l'homme est sous l'influence de l'amour envers le Seigneur et envers le prochain, autant il est dans un interne spirituel, et de cet interne il pense et veut, parle et agit; mais autant il est sous l'influence de l'amour de soi et de l'amour du monde, autant il est dans un interne naturel; et, de cet interne il pense et veut, parle et agit. L'homme spirituel-interne, ou celui chez qui l'interne spirituel est ouvert, croit au Seigneur, à la Parole, à la vie future, au Ciel et à l'Enfer, et aux choses de l'Eglise. Mais l'homme naturel-interne, ou celui chez qui l'interne spirituel est fermé, et qui est par conséquent un homme sensuel, ne croit rien que ce qu'il peut voir de ses yeux et toucher de ses mains : ainsi il est séduit pas ses sens, et il est dans de pures illusions quant à tout ce qui se rapporte au Seigneur, à la Vie éternelle, au Ciel et à l'Eglise.

Comme l'homme a un esprit externe et un interne, de même il a une mémoire extérieure et une mémoire intérieure, c'est-à-dire, une mémoire naturelle et une mémoire spirituelle. Par la mémoire naturelle il acquiert et retient la connaissance des mots et des expressions du langage et des divers objets qui l'entourent. Par la mémoire spirituelle il acquiert et retient les idées intérieures, et il est par là capable de penser et de parler intellectuellement et rationnellement : car tout ce que l'homme a pensé, dit et fait, et tout ce qu'il a entendu et vu, quoique évanoui de sa mémoire extérieure, est inscrit dans sa mémoire intérieure comme dans un livre ; c'est pourquoi dans l'Ecriture Sainte cette dernière est appelée *le Livre de vie de l'homme*, qui sera ouvert après sa mort, et d'après le contenu duquel il sera jugé.

En un mot, la mémoire externe, avec toutes les choses appartenantes à l'homme externe, sont destinées à être subordonnées à l'interne, étant comme la base ou le fondement dans la vie naturelle, surlequel l'homme peut ensuite s'ériger un édifice approprié à son état futur d'existence spirituelle et à la capacité implantée en lui de croître éternellement en amour et en sagesse.

XVIII. *De l'Amour en général, comprenant l'Amour envers le Seigneur, l'Amour envers le prochain; et aussi l'Amour de soi et l'Amour du monde.*

La vie de l'homme consiste dans son Amour, et tel est son Amour, telle est sa vie et même tel est tout l'homme. Mais c'est l'Amour régnant ou dominant qui fait l'homme. Cet Amour a plusieurs amours qui lui sont subordonnés, qui dérivent de lui, et qui, dans plusieurs occasions, prennent un aspect différent de cet Amour; mais cependant ils appartiennent tous à l'Amour dominant, et avec lui constituent, pour ainsi dire, un royaume, dans lequel l'Amour dominant est le roi et le chef, dirigeant tout absolument, jusqu'à la fin et à l'objet aimé.

Tout ce que l'homme aime par-dessus toutes choses est continuellement présent dans sa pensée et dans sa volonté, et constitue sa vie essentielle; car il tend toujours à cela, et règle toujours sa conduite en conséquence, dans les plus petites choses comme dans les plus grandes. Par cet Amour il est distingué de tous les autres hommes, et selon sa qualité, sa volonté est son Ciel ou son Enfer : son Ciel, s'il est homme bon, et son Enfer, s'il est homme méchant : car sa volonté est son propre, et sa vraie nature, ou l'être réel de sa vie ; et elle ne peut être changée après la mort, parce qu'elle est identifiée avec l'homme même.

Il y a deux Amours universels, desquels découlent tous les biens et toutes les vérités comme de leur propre source : ce sont l'Amour envers le Seigneur, et l'Amour envers le prochain ; et ces deux Amours, quand ils sont reçus par l'homme, et devenus les principes régulateurs de sa vie, constituent en lui le Ciel ainsi que l'Eglise. Par l'Amour envers le Seigneur, il ne faut point entendre un Amour ayant pour objet le Seigneur comme personne, sans égard à ses divins attributs et à ses divines perfections ; mais un Amour du divin Bien et du divin Vrai qui procèdent de lui ; et cet Amour ne se trouve que dans ceux qui ont ses commandemens écrits dans leurs cœurs, et qui se plaisent à faire le bien purement pour le bien. De même l'Amour envers le prochain n'est pas, à proprement parler, un Amour ayant pour objet le prochain comme personne, mais seulement autant qu'il reçoit de la Parole le divin Vrai, et par là la vie céleste. Ainsi dans ces deux cas, mais en différens degrés, l'Amour a pour objet le divin Bien et le divin Vrai, comme procédant du Seigneur et comme reçus par l'homme. De là vient que le Seigneur, quand il instruit ses disciples sur la vraie nature de l'amour, dit : « Celui qui a mes commandemens, et qui *les garde,* « est celui *qui m'aime.* Si un homme *m'aime, il*

« *garde mes paroles.* Celui qui ne *m'aime pas*, *ne*
« *garde pas mes paroles* ». Jean, XIV, 21, 23, 24.
« *Si vous gardez mes commandemens*, vous de-
« meurerez dans *mon Amour*. C'est mon comman-
« dement, que vous vous *aimiez les uns les autres* ».
Jean, XV, 10, 12.

D'un autre côté, il y a deux autres Amours universels opposés à ceux ci-dessus décrits, desquels découlent tous les maux et toutes les faussetés : ce sont l'Amour de soi et l'Amour du monde ; et ces deux Amours, quand ils deviennent les principes régulateurs de sa vie, constituent l'enfer en lui dès ce monde, et l'enfer en lui et hors de lui dans l'autre monde. L'Amour de soi consiste à désirer du bien pour nous seuls, sans aucun égard au bien-être des autres, à moins qu'il ne serve au nôtre. C'est pourquoi il dédaigne les intérêts de l'Eglise, de la Patrie, de la Société particulière à laquelle nous appartenons, et de nos concitoyens en général. Il considère aussi toutes les autres personnes et choses purement comme servant à son propre avantage, et voudrait, s'il pouvait, usurper et exercer une domination universelle. L'Amour du monde, qui lui doit son origine et qui l'accompagne toujours, consiste dans un désir de nous approprier, par quelque moyen que ce soit, ce qui appartient à autrui, comme aussi à placer nos affections dans les richesses, et à permettre que le monde, avec ses délices et ses plaisirs, éloigne nos cœurs de l'Amour du prochain, et par-là de l'Amour du Seigneur.

Par une attention sérieuse aux différentes sortes d'Amour, à leurs innombrables variétés et dérivations, et à leurs délices, nous pouvons découvrir quelle est la vraie nature de l'Amour en général et en particulier. Par cette connaissance, nous serons plus en état de régler et de tenir en bride les diverses affections de l'Amour de soi et du monde, qui nous ont trop long-temps dominés, et qui sont les seuls obstacles qui nous empêchent d'aimer le Seigneur par-dessus toutes choses, et le prochain comme nous-mêmes.

XIX. *De la Foi.*

La Foi, en général, peut être définie la croyance aux vérités de la divine Révélation, et que quiconque vit bien et croit ce qu'il doit croire, sera sauvé par le Seigneur. Cela nécessite donc la connaissance de ce qui regarde le Seigneur, de sa descente du ciel, de sa naissance dans le monde, de ses miracles. de ses tentations, de ses épreuves, de ses souffrances, jusqu'à la passion de la croix, avec ses victoires successives sur les puissances des ténèbres, et finalement sa résurrection et son ascension dans le ciel. Néanmoins la pure connaissance de ces choses et de plusieurs autres relatives au Seigneur, à l'Eglise, au Ciel et à la Vie éternelle, ne constitue pas par elle-même une Foi salvifique : car tant que les vérités restent seulement dans l'Entendement comme sujets de pensée et de science, elles ne portent point avec elles le pouvoir de sauver : mais quand elles sont embrassées par les affections du cœur, et qu'elles entrent dans les actions de la vie, elles constituent une Foi vraie et salvifique, étant en même temps accompagnée d'une ferme assurance et confiance dans la divine miséricorde du Seigneur. De là le Seigneur dit : « Si vous connaissez ces choses, » vous êtes heureux *si vous les faites.* » Jean, XIII, 17.

Comme la Foi, pour être vraiment telle, doit s'accorder avec le sens réel de l'Ecriture Sainte, et non être fondée sur une interprétation erronée, il est de la plus grande importance que l'on se forme une idée juste et correcte de la personne et du caractère de celui qui est le propre objet de cette Foi. Il a été observé ci-dessus, à l'article de la Rédemption, que Jéhovah Dieu est descendu du ciel en ce monde dans le dessein, entre autres, de se rendre visible et accessible à l'esprit humain; cette interposition de la miséricorde eut lieu, par la raison qu'elle était devenue nécessaire, d'autant que autrement l'homme aurait péri éternellement, parce qu'il s'était entièrement séparé de Dieu. De là il suit, qu'une Foi vraiment salvifique doit avoir pour objet le Seigneur Dieu et Sauveur Jésus-Christ; parce que Jéhovah a paru parmi les hommes sous ce nom et sous ce caractère, et parce qu'on ne peut l'approcher, lui rendre un culte et l'adorer que sous ce caractère.

Il est donc de toute nécessité d'établir dans son esprit une vraie Foi, dont le premier essentiel soit la reconnaissance que notre Seigneur et Sauveur

Jésus-Christ est le *Fils de Dieu*, par laquelle expression nous devons entendre que l'Humanité dans laquelle il apparut, fut conçue de la Divinité et par la Divinité, par une vertu ou un pouvoir procédant de Jéhovah lui-même ; c'est pour cela que la Divinité essentielle est constamment appelée le Père dans l'Ecriture Sainte, tandis que la divine Humanité est appelée le Fils.

Ce premier essentiel de la vraie Foi est confirmé par les passages suivans : « Dieu a tant aimé le » monde, qu'il a donné *son Fils unique*, afin que » quiconque *croit en lui* ne périsse pas, mais qu'il » ait la vie éternelle ». Jean III, 16. « Celui qui » *croit au Fils* a la vie éternelle ; et celui qui *ne* » *croit pas au Fils* ne verra point la vie, mais la » colère de Dieu demeurera sur lui». Jean, III, 36.

Le deuxième essentiel de la vraie Foi, qui dérive du premier quand il est exalté et perfectionné par les vérités de la Parole, est la reconnaissance que le Seigneur et Sauveur Jésus-Christ est *le seul Dieu du ciel et de la terre*, comme étant *un avec le Père*, c'est-à-dire, comme étant réellement et véritablement *le Père lui-même dans l'Humanité*. Cette reconnaissance a lieu dans l'esprit en conséquence d'un discernement plus intérieur de la divine Révélation, et peut être considérée comme la couronne de toute Foi, qui distingue et enrichit la Nouvelle Jérusalem et la met ainsi au-dessus de toutes les Eglises précédentes. C'est la perle fine d'un prix inestimable, pour l'acquisition de laquelle toute autre chose doit être vendue, c'est-à-dire, toute idée fausse touchant le Seigneur doit être abolie pour jamais de l'esprit. C'est un trésor dans le cœur et un joyau dans la bouche. C'est aussi une nouvelle robe nuptiale, sans laquelle aucun convive ne peut être admis au souper de noce de l'Agneau; mais avec laquelle tout croyant sera bien reçu.

Nous trouvons la confirmation de ce haut caractère de la Foi au Seigneur, comme le seul Dieu du ciel et de la terre, et ne faisant qu'un avec le Père, dans les passages suivans : « Un Enfant nous est né, » un Fils nous est donné, et la principauté sera sur » son épaule, et son nom sera le Merveilleux, le » Conseiller, *le Dieu Fort, le Père Éternel,* le » Prince de la Paix ». Isaïe, IX, 6. « Philippe dit à » Jésus : Seigneur, montre-nous le Père, et cela nous » suffit. Jésus lui dit : J'ai été si long-temps avec » vous, et cependant tu ne m'as point connu? Phi- » lippe, celui qui m'a vu a vu le Père. » Jean, XIV, 8, 9. « Moi et mon Père sommes un. » Jean, X, 30.

Mais la Foi comprend aussi une ferme croyance et une intelligence rationnelle des autres grandes vérités de la divine Révélation, avec une affection pour elles purement à cause d'elles-mêmes, parce qu'elles nous enseignent comment nous devons aimer et servir le Seigneur, et comment nous devons être utile au genre humain. Tels sont le caractère et la qualité de la Foi professée par la nouvelle et vraiment chrétienne Eglise, appelée la Nouvelle Jérusalem, qui étant dérivée de la Parole, et conséquemment du Seigneur, devient un moyen essentiel de conjonction avec lui, c'est-à-dire, de salut et de vie éternelle.

D'après cette idée de la Foi de la nouvelle Eglise, on voit clairement combien elle diffère de celle qui a été communément reçue jusqu'à ce jour : car, tandis que la Foi de la vieille Eglise enseigne que trois Personnes divines ont existé de toute éternité, dont chacune en particulier ou d'elle-même est Dieu et Seigneur, la Foi de la nouvelle Eglise enseigne qu'une seule Personne divine, et par conséquent un seul Dieu a existé de toute éternité. De plus la Foi de la vieille Eglise a pour objet un Dieu invisible et inapprochable, avec lequel par conséquent il ne peut y avoir de conjonction, l'idée qu'on s'en fait étant comme celle d'un esprit sans forme, qui diffère bien peu, si toutefois il diffère, de celle de l'éther ou du vent; tandis que la Foi de la nouvelle Eglise a pour objet un Dieu visible aux yeux de l'entendement, et capable d'être approché, avec lequel par conséquent il peut y avoir conjonction, l'idée qu'on s'en fait étant celle d'un Dieu-Homme, dans lequel est la divine essence, comme l'âme est dans le corps : car le Dieu unique qui a existé de toute éternité, s'est fait réellement Homme dans le temps. La Foi de la vieille Eglise suppose de plus, que Dieu le Fils est venu dans le monde afin d'appaiser la colère du Père, et de faire satisfaction pour les péchés des hommes, en souffrant et mourant pour eux : tandis que la Foi de la nouvelle Eglise enseigne que Jéhovah lui-même, par pur amour et miséricorde pour le genre humain, est descendu comme Parole ou Divin Vrai, et s'est incarné; que l'Humanité dans laquelle il a apparu est appelée *le Fils de Dieu*, et que la Divinité en lui est appelée *le Père;* que, pour l'accomplissement de la fin pour laquelle il est venu dans le monde, qui est la subjugation de la puissance de l'enfer ou du mal, il a quitté la pure Humanité par la passion de la croix, et s'est élevé à son Humanité glorifiée, avec laquelle il est retourné, par l'ascension, dans son premier état de pure Divinité. La Foi de la vieille Eglise enseigne aussi que Dieu le Père fut et est encore poussé à devenir miséricordieux par la vue des souffrances, des agonies et de la mort de son Fils, et par conséquent à cause de son Fils, et non par aucune qualité essentielle d'amour et de miséricorde inhérente à lui; mais la Foi de la nouvelle Eglise au contraire enseigne que le Père miséricordieux envers ses créatures n'avait pas besoin que les souffrances, les agonies et la mort de quelqu'un, encore moins celles d'une personne innocente, telle que son propre Fils, lui fussent présentées et alléguées comme motifs pour exciter et éveiller sa miséricorde, parce qu'il est et fut toujours dans sa propre nature une source intarissable d'amour divin, et qu'il se plaît à procurer la félicité à tous ses enfans sans exception.

Nous pourrions citer plusieurs autres exemples de la différence qui existe entre la Foi de la vieille Eglise et celle de la nouvelle; mais ceux que nous venons de rapporter sont suffisans pour montrer la grande nécessité de distinguer la vérité de l'erreur, une juste interprétation de l'Ecriture-Sainte de celle qui dégrade la Majesté divine, et qui jette de l'odieux sur sa conduite envers le genre humain. La vraie Foi doit être fondée sur les vérités réelles et non sur les vérités apparentes de la Parole ; et ces vérités réelles démontrent constamment les attributs divins et les perfections divines dans une gloire digne de celui de qui elles procèdent. La vraie Foi doit aussi, à cause de sa sublime origine et de sa prochaine affinité avec la lumière du ciel même, être plus propre à s'unir avec la Charité qu'une Foi moins pure ; et, pour la même raison, elle doit avoir une plus grande tendance à retirer l'homme de l'amour du mal, et par-là à l'introduire dans la félicité de la vie éternelle.

XX. *De la Charité et des bonnes Œuvres.*

Si la vraie Foi est une acquisition si importante pour l'Eglise, il en est une autre qui lui est aussi essentielle ; c'est la Charité, ou l'amour envers le prochain, qui doit toujours aller avec la Foi, afin de produire des œuvres bonnes et utiles, qui sont leurs enfans légitimes.

C'est une opinion régnante, que la Charité consiste à donner aux pauvres, à soulager les nécessiteux, à secourir les veuves et les orphelins, à fonder des hôpitaux et autres établissemens pour la réception des malades, des étrangers et des orphelins, et principalement contribuer à la construction, à l'ornement et la dotation des Eglises et autres lieux du culte, etc. Mais ces choses peuvent être, ou ne pas être des actes de vraie Charité, selon les motifs, l'intention et l'état de vie des personnes qui les font: car elles peuvent être faites par des motifs de vaine gloire, d'amour pour la renommée, d'amitié externe, d'inclination purement naturelle, d'hypocrisie, ou par quelque autre considération et motifs personnels; ou bien elles peuvent être faites par un pur et réel amour pour la société et pour les individus qui la composent. La vraie Charité consiste à désirer de tout son cœur du bien aux autres, et en même temps à agir justement, fidèlement et droitement, par des motifs de conscience, dans tous les offices, les emplois et affaires dans lesquels l'on peut être engagé, et envers quelque personne que ce soit. Un roi, un magistrat, un prêtre, un juge, un marchand, un négociant, un artiste, un laboureur, un militaire, un marin, ont chacun leur devoir à remplir dans la société; et celui qui se conduit dans sa condition avec intégrité et sincérité, comme il est dit ci-dessus, sans fraude ni tromperie, est dans l'exercice de la vraie Charité, et toutes ses actions sont de bonnes œuvres.

Néanmoins la Charité ou l'amour envers le prochain doit être exercée avec prudence et discrétion, selon les différens degrés de bien qui distinguent chaque homme: car le bien venant du Seigneur est, à proprement parler, le prochain qui doit être aimé et respecté en tous. Notre Charité ne doit pas se borner aux hommes comme individus seulement, mais elle doit s'étendre aux diverses sociétés auxquelles nous pouvons être unis, spécialement à notre Patrie, à l'Église, au Royaume du Seigneur, et par-dessus tout au Seigneur lui-même, de qui dérive tout ce qui mérite d'être l'objet de notre amour et de notre estime : cette loi de l'amour et de la Charité est ainsi exposée dans l'Évangile : « Tu aimeras » le Seigneur ton Dieu de tout ton cœur, de toute » ton âme, de toutes tes forces et de tout ton es-» prit, et ton prochain comme toi-même. » Luc, x, 27. « Tout ce que vous voudriez que les hommes » fissent pour vous, faites-le pour eux; car c'est la » loi et les Prophètes. » Matth., VII, 12.

Ainsi la Charité est une affection interne procédant du Seigneur comme de sa propre source, et poussant l'homme à faire le bien et à agir avec droiture par pur amour du bien et de la droiture, et sans aucun égard à la récompense ou à la réciprocité; car elle porte avec elle sa propre récompense, et dans son exercice elle est accompagnée de la plus grande et de la plus pure satisfaction. La vraie Foi, dans laquelle est l'esprit de sagesse et d'intelligence, indique comment cette bienveillance et cette bonne volonté doivent être dirigées et exercées : et leur exercice actuel, qui consiste dans l'accomplissement exact de tous nos devoirs relatifs, dans toutes les occasions qui se présentent, selon notre pouvoir, et les divers états, qualités et nécessités de notre prochain, comme il a été observé ci-dessus, constitue les bonnes œuvres, ou la vie de la Charité et de la Foi.

Pour éclaircir davantage la vraie nature des bonnes œuvres ou d'une bonne vie, nous remarquerons, que dans les actes externes de l'homme, sont contenus, jusqu'à un certain degré, tous les pouvoirs et énergies de son corps ; que ceux-ci, à leur tour, sont mis en action par le concours, jusqu'à un certain degré, de tous les pouvoirs et énergies de son esprit, soit qu'ils appartiennent à la volonté ou à l'entendement. L'affection ou l'amour excite d'abord la pensée; l'une et l'autre ensemble influencent le corps; et tous réunis produisent l'acte externe. Ainsi tout l'homme, depuis les premiers principes de sa vie jusqu'aux derniers effets, est complétement représenté et vu dans ses œuvres. Si donc la première affection qui imprime le mouvement est celle de l'amour envers le Seigneur et de l'amour envers le prochain, cette affection excite dans l'entendement toutes les choses qui sont capables de tendre à sa fin ou à son but; et celles-ci, descendant avec elle dans le corps, y mettront en action tout ce qu'elles y pourront trouver de puissance et de facultés propres à en procurer le plein exercice et l'entier effet. Dans ce cas, les actes produits seront de bonnes œuvres, parce qu'ils sont entièrement le résultat et, pour ainsi dire, le véritable corps de l'intention bienveillante qui les anime comme leur vie et leur âme. D'un autre côté, si la première source de l'action, dans la volonté, est l'amour de soi et l'amour du monde, alors, toutes les pensées de l'entendement, et toutes les puissances du corps concourront à produire les effets de cet amour : dans ce cas, toutes les actions produites seront de mauvaises œuvres, quoiqu'elles puissent avoir une apparence externe de bonne volonté ou de Charité. C'est pour cette raison que l'Ecriture-Sainte nous enseigne uniformément et constamment, que tout homme sera traité dans l'autre vie selon la nature et la qualité de ses œuvres : « Le Fils de l'Homme « viendra dans la gloire de son Père avec les anges ; « et alors il rendra à chacun *selon ses œuvres.* » Matth., XVI, 27. « Je vis les morts, petits et grands, « devant Dieu : et ils furent jugés chacun *selon ses* « *œuvres.* » Apoc. XX, 12, 13.

Nous voyons donc comment la Charité et la Foi sont unies ensemble et contenues dans les bonnes œuvres. Mais il faut toujours se souvenir que, dans leur origine, leur progression et leur effet final, elles sont du Seigneur et viennent de lui seul, parce qu'il est en elles comme leur âme et leur cause principale, tandis que l'homme n'est que l'instrument, mais instrument organisé, au moyen duquel elles sont mises en acte. De là vient que, comme tout le bien qui est fait par l'homme procède actuellement du Seigneur, l'homme coopérant seulement avec lui en apparence de lui-même, comme un instrument organisé dans les mains du principal

Agent, aucune idée de mérite de la part de l'homme ne peut être admise un seul instant ; mais que l'inclination, le pouvoir et le mérite appartiennent entièrement et uniquement au Seigneur, de qui découle tout ce qui est bon dans l'affection, tout ce qui est vrai dans la pensée, et tout ce qui est utile dans l'acte.

XXI. *De l'Homme, considéré comme organe de la Vie.*

Plusieurs supposent que les perceptions, les pensées et les idées, avec les diverses affections dont l'homme est susceptible, sont des propriétés vagues, inhérentes en lui ; ou qu'elles influent en lui comme autant d'émissions de lumière et de chaleur, sans qu'il y ait en lui quelque substance ou forme capable de les recevoir, de les modifier et de les retenir d'une manière permanente. De là ils imaginent que les pensées et les affections, comme des *riens ailés,* voltigent dans la région de l'esprit, précisément comme les vapeurs flottent dans l'atmosphère, et que, par des moyens quelconques, qui leur sont parfaitement inconnus, il est capable de les saisir à mesure qu'elles se présentent à lui ; ne soupçonnant point que l'esprit humain est une substance et forme réelle, et que toutes les variétés des affections et des pensées qui lui appartiennent ne sont que des changemens de son état et de sa forme, pendant qu'il reçoit du Seigneur la vie de l'amour et de la sagesse.

Pour bien comprendre comment l'homme est un organe de la vie, quant à sa forme interne et externe, il suffira de faire attention aux organes des sens dans son corps, tels que l'œil, l'oreille, la langue et autres. Lorsque la lumière du soleil pénètre dans l'œil, qui est une forme organisée pour la recevoir, il s'opère un certain changement ou modification dans ses différentes membranes, ses humeurs, ses vaisseaux et ses nerfs, et la vue naturelle est produite, non comme une chose séparée de la substance de l'œil, mais comme sa fonction propre et son exercice. Lorsque le son, qui est un mouvement ondulatoire de l'air, entre dans l'oreille, les vibrations sont communiquées d'une partie à l'autre de sa structure interne; et ainsi des changemens ou modifications dans l'état et la forme de cet organe ont lieu, et la sensation ou perception qui en résulte est appelée ouïe; faculté qui n'est pas séparée de la substance composant l'oreille, mais qui constitue sa fonction et son exercice. De même aussi lorsque les substances de différentes qualités, telles que la douceur, l'acidité, l'amertume, etc., sont appliquées à la langue, elles stimulent ses papilles nerveuses, ou petites glandules situées à l'extrémité et aux marges, et causent un changement dans leurs parties, changement qui est perçu comme la sensation du goût; faculté qui, comme les autres, n'est pas séparée de la substance de son organe, la langue, mais qui constitue sa fonction et son exercice. Dans chacun de ces cas, néanmoins, il faut se souvenir que ce n'est pas l'organe lui-même qui perçoit, ou qui éprouve la sensation du changement opéré dans son état et dans sa forme, mais que c'est l'esprit qui voit par l'œil, entend par l'oreille, et goûte par la langue; ce qui a lieu aussi à l'égard des autres sens de l'odorat et du tact.

De même la volonté et l'entendement en l'homme sont des substances et des formes réelles, quoique d'une qualité plus pure, organisées et disposées pour être les propres réceptacles de l'amour et de la sagesse qui influent du Seigneur. Les affections, les perceptions et les pensées, qui semblent à plusieurs venir dans l'esprit pour ainsi dire de rien, ou flotter en lui comme de pures vapeurs, des exhalaisons, ou des principes éthérés, sans avoir rien de substantiel, sont dans la réalité des changemens, des modifications et des variations d'état et de forme, non pas seulement des substances naturelles du cerveau, mais aussi des substances spirituelles les plus pures dont l'esprit humain est composé. Car il est impossible que quelque chose soit communiqué à l'homme de manière à l'affecter soit à l'intérieur, soit à l'extérieur, à moins qu'il n'y ait en lui quelque partie substantielle capable de la recevoir, de la percevoir et de la retenir. Toutes les opérations de l'esprit sont des variations de sa forme, selon les changemens qui ont lieu dans l'état de son affection : car, à proprement parler, les affections sont des changemens d'état, et les pensées sont des variations de forme. Comme sans la substance et forme organique naturelle, appelée œil, il ne peut y avoir de vue, comme aussi sans l'oreille et sans la langue il ne peut y avoir d'ouïe ni de goût; de même sans la substance spirituelle appelée esprit, qui comprend et la volonté et l'entendement, il ne peut y avoir ni affection d'amour, ni perception de sagesse, ni pensée concernant l'une ou l'autre.

Voilà ce qu'il faut entendre par cette expression, que l'Homme est un organe de la vie ou une forme adaptée à la réception de l'amour dans sa volonté, et de la sagesse dans son entendement; lesquelles deux choses constituent les principes essentiels de la vie qui influent du Seigneur en lui. Mais comme il a été créé pour être utile et heureux, et que cette fin ne pourrait être obtenue s'il n'était placé dans une condition favorable à l'exercice actif de ses talens; ou, en d'autres termes, si la vie qui influe en lui ne lui paraissait être à lui en propre et entièrement à sa disposition, cette apparence lui a été et lui est accordée par le Seigneur, sous cette condition spéciale néanmoins, qu'il vivra en reconnaissant sans cesse qu'elle ne lui appartient pas réellement; mais qu'elle vient en lui du Seigneur, qui seul est la vie en lui-même. Cela est aussi conforme à l'Ecriture-Sainte, qui enseigne expressément qu'il n'y a qu'une source de vie, de laquelle tous les êtres créés reçoivent incessamment leur existence; et que la même vie est communiquée à tous dans le monde spirituel et dans le monde naturel, mais est reçue différemment par chacun, selon la qualité du sujet qui la reçoit.

XXII. *Du Libre Arbitre.*

C'est un point important de la doctrine de la Religion chrétienne que l'homme naît et est constamment maintenu dans un état de liberté, quant à sa détermination dans les choses spirituelles ainsi que dans les choses naturelles; parce que, sans cette liberté, il ne pourrait avoir ni Foi ni Charité; et la Parole elle-même, avec toutes ses exhortations à la pénitence et à l'amendement de la vie, ne pourrait être d'aucun usage, et conséquemment l'Eglise n'existerait pas; mais, par le moyen du Libre Arbitre dans les choses spirituelles, la conjonction de l'homme avec le Seigneur, et du Seigneur avec l'homme, peut être réciproquement effectuée; et ainsi l'homme est capable d'être réformé, régénéré, et finalement sauvé.

Cette liberté de détermination, qui fut originairement accordée à l'homme, et sans laquelle il n'eût pu être créé *homme*, ni subsister un seul instant *comme homme*, mais eût été une espèce de statue ou de pure machine, consiste dans la faculté ou capacité, qui lui est continuellement donnée ou plutôt prêtée, de vouloir et d'agir, de penser et de parler, en toute apparence *comme de lui-même*. C'est pour cela que deux arbres furent placés dans le jardin d'Eden : l'arbre de vie, et l'arbre de la connaissance du bien et du mal; et qu'il lui fut accordé de manger de l'un, mais défendu de manger de l'autre; ce qui signifiait qu'il avait le pouvoir de se tourner ou vers le bien, ou vers le mal. Ainsi l'homme, par l'abus de ses plus précieuses facultés, la liberté et la rationalité, devint lui-même l'auteur du mal. Cet abus, par conséquent, ne peut jamais être imputé à l'auteur de ces facultés, comme le fait entendre nécessairement la doctrine contraire de l'absolue et arbitraire prédestination : mais nous avons déjà parlé de ce sujet dans l'article VI, intitulé: *De l'origine du Mal et de la chute de l'Homme.*

Toute liberté se rapporte à l'amour, et conséquemment à la volonté, et ainsi à la vie de l'homme. De là quiconque agit avec liberté, paraît agir comme de lui-même; et cette apparence est aussi la même, soit qu'il fasse ce qui est bien ou ce qui est mal. Faire le mal librement est appelé liberté, mais ce n'est en effet qu'esclavage, l'homme étant dans ce cas un pur esclave de ses appétits corrompus et de ses passions, c'est-à-dire de l'amour de soi et de l'amour du monde. Mais faire le bien librement, c'est la vraie liberté, parce qu'elle procède de l'amour envers le Seigneur et de l'amour envers le prochain. C'est ce que le Seigneur enseigne, quand il dit : « Quiconque commet le péché est *esclave du* « *péché ;* or l'esclave ne demeure pas toujours dans « la maison; mais le fils demeure toujours. Si donc « le Fils *vous rend libres*, vous serez *réellement li-* « *bres.* » Jean, VIII, 34 à 36.

Tout ce que l'homme fait librément, devient son propre et reste avec lui. Mais tout ce qu'il fait lorsqu'il est forcé par un autre, n'étant pas d'accord avec sa propre volonté, ne peut pas être dit son acte propre, mais l'acte de la personne qui l'y pousse. De là vient que la pénitence, pour être efficace, doit être faite par l'homme, pendant qu'il est dans un état de liberté, sans être troublé par la crainte ; et de là aussi un service libre, procédant d'une bonne volonté, est accepté par le Seigneur ; mais non un service forcé : c'est pourquoi il est écrit des enfans d'Israël, que : « Ils apportaient une *offrande volontaire* à Jéhovah, tout homme et toute femme dont le cœur était mu de bonne *volonté*. Exode, XXXV ; 21, 29. » Et le Psalmiste dit : « Je t'offrirai » *librement* des sacrifices ; je louerai ton nom, ô » Jéhovah ; car cela est bon. » Ps. LIV, 6.

XXIII. *De la Pénitence.*

La Pénitence est le commencement et le fondement de l'Eglise en l'homme, et elle consiste dans l'examen de la part de l'homme, non-seulement des actions de sa vie, mais aussi des intentions de sa volonté, et dans la fuite du mal, parce qu'il est péché contre Dieu. Il ne suffit pas à l'homme de s'avouer pécheur en termes généraux, et de reconnaître que de la tête aux pieds il est plein de mal, et qu'il mérite la damnation éternelle, et par conséquent est indigne d'élever ses yeux au ciel : car il peut faire cela, et néanmoins ne pas distinguer un seul des maux qui sont en grand nombre chez lui, auquel il soit déterminé, par l'assistance divine, à résister, à le fuir, et à l'éloigner de son cœur et de sa vie. Mais il doit réfléchir sur ce qui se passe dans son esprit, et observer ce qui est porté de là dans ses actions et dans ses paroles. Il doit surtout examiner la nature de ses délices et inclinations ; comme, par exemple, s'il sent du plaisir dans quelque espèce de haine, de vengeance, d'adultère, de vol, de faux témoignage, de calomnie, ou quelque inclination à les commettre ; et aussi s'il s'abandonne à un esprit de blasphème et de mépris contre Dieu, sa sainte Parole, et les choses de l'Eglise. S'il s'abstient de quelqu'un de ces maux, il doit de plus regarder en lui même, et examiner de près si c'est par crainte des lois, ou de la perte de sa réputation, de sa santé, de ses amis et autres causes semblables : et s'il trouve qu'il resiste à ces maux et s'en abstient, non par ces considérations externes, mais uniquement parce que ce sont des péchés, et défendus par les lois divines, il fait alors une vraie, sincère et efficace pénitence.

Mais c'est une condition essentielle de cette Pénitence, que l'homme attribue au Seigneur Dieu et Sauveur Jésus-Christ seul le pouvoir de résister au mal ; car seul il est tout-puissant, tout-sachant, tout-présent; il est seul le Dieu de l'Eglise, tout miséricordieux et tout juste ; et c'est lui seul qui peut inspirer l'inclination et l'affection de faire le bien. C'est pourquoi il dit lui-même : « *Sans moi vous ne pouvez rien faire* ». Jean, xv, 5.

La Pénitence est profitable si le pénitent est dans un état de liberté ; mais s'il se répent dans un état forcé, elle ne lui sert de rien. Les états forcés peuvent être divers, tels que les maladies, l'abattement de l'esprit par quelque grande infortune, les terreurs à l'approche de la mort, et toute crainte soudaine qui prive l'homme de la raison. Lorsque les méchans dans un etat forcé promettent de faire pénitence, et qu'ils commencent même à pratiquer la vertu et le bien, ils retournent ordinairement à leur premier genre de vie dépravée, quand ils sont rétablis dans l'état de liberté. Mais il en est autrement des bons.

Après que l'homme s'est examiné, et qu'il a reconnu ses péchés, chacun en particulier, et fait l'œuvre de pénitence, par un regret sincère de les avoir commis, et une ferme résolution de ne plus les commettre, il doit rester constamment dans le bien jusqu'à la fin de sa vie ; car si ensuite il retombe dans ses mauvaises actions, et s'y livre de nouveau, il est coupable de profanation, d'autant qu'il unit le mal avec le bien, et par là son dernier état est pire que le premier, selon ces paroles du Seigneur : « Quand l'esprit impur est sorti de
» l'homme, il va dans les lieux arides, cherchant
» du repos, et n'en trouve point ; alors il dit : je
» retournerai dans ma maison d'où je suis sorti : et

» revenant il la trouve vide, nétoyée et parée.
» Alors il s'en va, et prend avec lui sept autres
» esprits plus méchans que lui, et ils entrent et
» demeurent là : et le *dernier état* de cet homme
» *est pire que le premier* ». Matth., XII, 43 à 45.

XXIV. *De la Reformation et de la Régénération.*

Comme l'homme est né avec l'inclination aux maux de toute espèce, et que néanmoins il a été destiné pour le ciel, il est nécessaire que le penchant qu'il a reçu héréditairement de ses parens, et qu'il a confirmé par sa vie, soit réprimé ou dompté, et que de nouvelles inclinations et de nouvelles affections d'une tendance contraire, soient graduellement insinuées en lui. Ce changement de disposition et de caractère est appelé, dans la Parole, nouvelle Naissance ou Régénération, dont les divers états ou degrés répondent à ceux de la conception, de la naissance et de l'éducation de l'homme naturel. La nécessité de ce changement, avant que l'homme éprouve la vraie félicité céleste, est aussi évidente par ces paroles de notre Seigneur à Nicodème : « En vérité, en vérité, je te dis
» que personne ne peut voir le royaume de Dieu,
» s'il ne *naît de nouveau* ». Jean, III, 3.

La première partie de la nouvelle naissance est appelée *Reformation*, et a plus immédiatement rapport à l'entendement et aux vérités reçues par lui, lesquelles enseignent l'existence de Dieu, celle du ciel et de l'enfer, de l'immortalité de l'âme humaine, ce qui est mal et ce qui est bien, et que le premier doit être fui et l'autre pratiqué. Dans cet état aussi l'homme apprend à connaître, non-seulement qu'il y a un seul Dieu, Créateur de l'univers, mais que ce même Dieu est le Rédempteur et Sauveur des hommes, et que le Seigneur Jésus-Christ est ce seul Dieu, dans lequel néanmoins est une divine trinité du Père, du Fils et du Saint-Esprit, unis dans une seule personne, et non divisés en trois personnes ; que cette Divinité essentielle est appelée le Père, la divine Humanité le Fils, et son opération procédante le Saint - Esprit. Lorsque l'homme est instruit de ces vérités, il peut reconnaître que toute foi et toute charité, et conséquemment toute vérité et tout bien, dérivent uniquement du Seigneur, et qu'ainsi lui seul doit être invoqué dans la prière, et honoré comme le seul objet digne d'adoration. — La seconde partie de la nouvelle naissance est proprement appelée *Régénération*, et peut être distinguée en deux états: dans le premier état, l'homme commence réellement à fuir les maux comme péchés, et par les vérités de la foi il est conduit au bien de la vie. La formation d'une nouvelle volonté a aussi lieu graduellement en lui; et après plusieurs difficultés, obstacles et tentations intérieures, il entre enfin dans la jouissance de la tranquillité et de la paix céleste, représentée par le septième jour ou sabat du repos. Dans ce dernier état, il agit plus immédiatement sous l'influence du bien dans la volonté, ou de la charité, et il est par là conduit à la contemplation de la vérité dans l'entendement. Ainsi tandis que l'homme externe dominait auparavant en lui, maintenant l'homme interne a la domination, et l'externe est soumis. De là l'ordre de sa vie est changé, et il devient lui-même un nouvel homme au moyen de la Régénération opérée par le Seigneur.

Il est conforme à l'ordre divin, que l'homme interne soit d'abord régénéré, et ensuite l'homme externe; le dernier par le premier. Car l'homme interne est régénéré par la doctrine de la foi et de la charité, qui influe dans l'entendement et dans la volonté; mais l'homme externe est régénéré par la même doctrine influant dans sa vie et dans ses actions. C'est ce que signifient ces paroles du Seigneur : « Nétoie d'abord ce qui est *au dedans* de « la coupe et du plat, afin que *le dehors* en soit « aussi net ». Matth., XXIII, 26. « Si l'homme ne « naît de l'*eau* et de l'*esprit*, il ne peut entrer dans « le royaume de Dieu ». Jean, III, 5. L'eau, dans son sens spirituel, signifie toute vérité qui est l'objet de la foi, et l'esprit signifie la vie conforme à cette vérité.

XXV. *De la Rémission des Péchés.*

La Rémission ou le Pardon des péchés n'est pas, comme on le suppose généralement, un acte arbitraire de miséricorde, en considération de quelque satisfaction ou expiation faite pour l'homme par les souffrances et la mort de Jésus-Christ, et de la foi sur ce sujet : les péchés ne sont point effacés ou lavés, comme la saleté est laveé par l'eau ; car ils restent en l'homme, même après qu'il a commencé sa régénération, et ils ne peuvent jamais être entièrement extirpés. Mais la rémission des péchés, selon le vrai sens dans lequel l'expression est usitée dans l'Ecriture-Sainte, signifie l'éloignement graduel des maux par le Seigneur, après la pénitence du cœur et de la vie. En effet, le Seigneur est toujours disposé à remettre les péchés de tous les hommes, étant en lui-même la plus pure et essentielle miséricorde. Mais ils ne sont point pour cela éloignés de l'homme, et ils ne peuvent l'être, que par une vie dirigée et influencée par les préceptes d'une vraie foi. Autant l'homme vit selon ces préceptes, autant ses péchés sont éloignés, et autant ils lui sont remis.

Pendant que l'homme est dans le travail de la régénération, surtout quand il est régénéré, il est détenu des maux uniquement par la divine miséricorde et la puissance du Seigneur ; tandis qu'il est ainsi préservé, et tenu sous l'influence du bien céleste et de la vraie foi, il lui semble qu'il est sans péchés, et par conséquent comme s'ils étaient effacés ; mais il est encore exposé à retomber dans les premiers maux de sa vie, et s'il était laissé à lui-même un seul instant, il y retomberait certainement : de là il est évident que ces maux n'ont point été extirpés ou abolis, mais seulement tenus dans un état de sujétion, et éloignés pour ainsi dire de sa vue, de manière qu'il puisse être tenu dans le bien, et par là élevé au ciel par le Seigneur. C'est ce qu'il faut entendre proprement par la rémission ou le pardon des péchés.

Que personne donc ne s'imagine que les péchés peuvent être remis ou pardonnés en un moment, ou que la vie de l'enfer, qui est le mal, peut en un instant être transformée et changée en la vie du ciel, qui est le bien. La divine miséricorde et la divine puissance ne produisent pas de tels effets instantanés; mais elle opère, dans l'esprit humain, selon les principes éternels de l'ordre divin, lequel exige que le changement qui a lieu par la régénération, se fasse doucement et graduellement, d'une manière convenable à l'état et à la capacité de l'homme, et à sa propre coopération à l'éloignement de ces maux, comme il peut le comprendre par leur immense multitude en lui. Ce sont là les ennemis spirituels, dont il est dit : « Je ne les chasserai pas « de devant toi *en une année*, de peur que la terre « ne devienne déserte, et que les bêtes des champs « ne multiplient contre toi. Je les chasserai de de- « vant toi *peu à peu*, jusqu'à ce que tu sois accru, « et que tu aies la terre en héritage ». Exode, XXIII, 29, 30. Cet éloignement graduel des maux ou rémission des péchés est en effet une suite continuée d'actes de miséricorde et de puissance de la part du Seigneur; mais personne ne peut devenir le sujet de cette miséricorde et de cette puissance, que ceux qui reconnaissent le Seigneur, et tâchent de vivre selon ses commandemens. C'est pourquoi il est écrit dans l'Evangile : « *A tous ceux qui l'ont reçu*, il a « donné le pouvoir de devenir enfans de Dieu ; et « à ceux qui *croient en son nom ;* qui *sont nés*, non « du sang, ni de la volonté de la chair, ni de la vo- « lonté de l'homme, mais *de Dieu* ». Jean, I, 12, 13,

La rémission des péchés, ou, ce qui est la même chose, l'éloignement des maux, se découvre dans une personne, aux signes suivans : Elle sent du plaisir au culte du Seigneur à cause du Seigneur, et à servir son prochain à cause du prochain, et par conséquent à faire le bien à cause du bien, et à dire vrai à cause du vrai. Elle écarte de son esprit toute idée de mérite de sa part qui pourrait venir de la considération de sa charité et de sa foi. Elle fuit et a en horreur les maux de toute espèce, tels que l'inimitié, la haine, la vengeance, la cruauté, l'adultère, la fraude, en un mot tout ce qui tend à détruire l'amour envers le Seigneur, et l'amour envers le prochain.

Mais la non rémission des péchés, ou, ce qui est la même chose, le non éloignement des maux, se découvre dans une personne aux signes suivans. Si elle professe la religion, elle rend un culte à Dieu, mais non à cause de Dieu, et sert le prochain, mais non à cause du prochain ; ainsi elle fait le bien et dit le vrai non à cause du bien et du vrai, mais par quelque motif personnel ou mondain. Dans toutes ses actions elle désire aggrandir son mérite. Elle ne sent ni dégoût, ni répugnance, mais au contraire un plaisir et un délice, dans l'inimitié, la haine, la vengeance, la cruauté, l'adultère, la fraude et autres crimes: et sous la pernicieuse influence de ces maux, elle abandonne son imagination à toute la licence de ses pensées sur ces objets. Le changement de cet état du mal à celui du bien céleste, est l'opération ou le travail si souvent désigné dans l'Ecriture-Sainte sous le nom de nouvelle naissance ou rémission des péchés.

XXVI. *Des Tentations.*

L'éloignement des maux, ainsi que des plaisirs et des délices qui les accompagnent, ne peut être effectué sans une peine, une angoisse et une anxiété intérieures, parce que ces maux sont profondément enracinés dans l'esprit humain. Cette douleur intérieure est appelée *Tentation*; et si les objets qui l'occasionnent sont spirituels, la Tentation alors est spirituelle; mais si ces objets sont mondains, alors la Tentation est purement naturelle, et elle est plus proprement appelée *Anxiété*. Dans la Tentation spirituelle, il y a un conflit ou combat entre le royaume céleste et le royaume infernal en l'homme, c'est-à-dire, entre le bien et le mal, avec tentative, de la part de chacun, d'obtenir la domination sur l'autre. Ce combat est suscité d'un côté par les mauvais esprits qui excitent et fomentent en l'homme ses mauvaises affections, et de l'autre côté par les bons esprits qui excitent et alimentent ses bonnes affections. Durant ce conflit le Seigneur combat pour l'homme, et lui donne le pouvoir de coopérer avec lui, et ainsi de résister au mal comme de lui-même; tandis néanmoins qu'il reconnaît que tout son secours lui vient du Seigneur seul.

De cette manière un frein est mis à l'amour de soi et à l'amour du monde, qui sont les deux sources d'où naissent tout le mal et le faux. Par là aussi l'homme apprend plus distinctement la différence entre le bien et le mal; et par la relation qui existe entre ces deux principes opposés, il apprend à connaître, que de lui-même il n'est rien que mal, et que tout le bien qu'il a est un don du Seigneur en lui. Mais comme il lui est impossible de soutenir le conflit qui a lieu entre le bien et le mal, dans l'état de Tentation, sans les moyens pourvus à cette intention par le Seigneur, lesquels sont les vérités dérivées de la Parole, personne n'est admis dans ce combat spirituel, à moins qu'il ne soit initié dans la connaissance du vrai et du bien, et n'ait acquis par là quelque degré de vie céleste. En conséquence nul n'est admis aux Tentations spirituelles, à moins qu'il ne soit parvenu à l'âge de maturité, et que, par l'exercice libre de son propre jugement, il ne soit capable de résister au mal comme de lui-même. Cela était représenté dans l'Eglise israélitique, par les mâles de vingt ans et au-delà, auxquels il était ordonné d'aller à la guerre, mais non à ceux qui étaient au-dessous de cet âge; l'homme, dans ce période de la vie, étant généralement capable d'exercer son propre jugement et sa détermination, mais non auparavant. *Voyez* Nombres I, 2, 3, 18, etc.; XXVI, 2, 4.

Les effets de la Tentation sont que la domination du bien sur le mal et du vrai sur le faux, est établie dans l'esprit de l'homme; que le vrai est confirmé, et mis avec le bien; que l'homme externe est assujéti à l'homme interne; que le pouvoir de l'amour de soi et de l'amour du monde est restreint, les concupiscences qui en dérivent sont tenues continuellement en bride. Quand ces effets sont produits, un degré supérieur d'illumination a lieu, avec un accroissement sensible de bienveillance dans la volonté, et l'homme fait tous les jours des progrès en intelligence, en sagesse et en amour.

XXVII. *De la difficulté de la Régénération graduellement surmontée.*

Durant les premiers états de la Régénération, et tandis que l'homme lutte contre ses inclinations naturelles pour le mal, et contre les faux plaisirs et les délices qui les accompagnent, l'œuvre est en effet difficile, et ressemble à un martyre volontaire; c'est pourquoi le Seigneur dit : « Si quelqu'un veut « venir après moi, *qu'il renonce à lui-même*, *qu'il* « *porte tous les jours sa croix*, et qu'il me suive. « Car quiconque *veut sauver sa vie*, *la perdra*; mais

« quiconque *perdra sa vie* pour moi, *la sauve-*
« *ra* ». Luc, IX, 23, 24. Mais à mesure que l'œuvre avance, après que l'homme a, pendant quelque temps, combattu avec succès contre ses inclinations naturelles, et quand, au retour de la Tentation, le plaisir qu'il trouve dans le mal est sensiblement diminué, comme cela a lieu après qu'il s'y est opposé plusieurs fois d'une manière déterminée, la difficulté qu'il avait d'abord éprouvée est graduellement surmontée, et à la fin l'homme sent d'abord de l'aversion pour le mal qui lui plaisait auparavant, et ensuite du plaisir à faire le bien, et à étendre le règne du Seigneur de toutes les manières possibles.

Dans ce nouvel état, l'homme comprend et expérimente la vérité de ces divines paroles : « Venez
» à moi, vous tous qui êtes fatigués, et qui por-
» tez des fardeaux, et je vous *donnerai le repos*. Pre-
» nez mon joug sur vous, et apprenez de moi que
» je suis doux et humble de cœur ; *et vous*
» *trouverez le repos* dans vos âmes : car *mon joug*
» *est aisé, et mon fardeau est léger* ». Matth., XI, 28 à 30. Et quoiqu'auparavant il ne pût voir dans la religion que des croix, des épreuves et des sacrifices, il peut maintenant s'unir avec le Psalmiste en disant : « Oh ! *combien j'aime* ta loi ! combien
» tes paroles *sont douces* à mon gosier ! elles sont
» *plus douces que le miel* à ma bouche. J'ai pris tes
» témoignages en héritage pour toujours, parce
» qu'ils sont *la joie de mon cœur*. J'ai désiré ton

» salut, ô Jéhovah! et ta loi est *mon délice* ». Ps. cxix, 97, 103, 111, 174.

XXVIII. *De la Conscience.*

La Conscience n'est point innée en l'homme, mais elle est formée en lui par les principes religieux dans lesquels il a été élevé et qu'il croit être vrais. Tels sont donc ces principes, telle sera la Conscience. Elle est ou peut devenir plus parfaite et plus pure en ceux qui sont éclairés, et qui ont une claire perception des vérités de la foi, que dans les autres. Néanmoins dans les uns et les autres elle est sentie comme un lien interne, ou une sorte d'inspiration qui les porte à s'abstenir du mal, à penser, parler et agir avec justice, vérité et droiture dans toutes les occasions de la vie.

La vie spirituelle de l'homme consiste dans une vraie Conscience, qui peut être considérée comme le point d'union entre sa foi et sa charité. De là vient que quand un homme agit selon sa Conscience, il agit selon sa vie spirituelle; mais quand il agit contre sa Conscience, il agit contre sa vie spirituelle. Dans le prémier cas, il est dans un état de paix, de tranquillité et de béatitude intérieure; mais dans l'autre cas, il éprouve un trouble et une peine d'esprit qu'on appelle remords ou aiguillon de Conscience.

Il y a deux sortes de Conscience; l'une extérieure, qui est fondée sur l'amour du vrai; l'autre intérieure, qui est fondée sur l'amour du bien. La première est proprement appelée *Conscience ;* elle est la vie des hommes spirituels qui sont influencés par la charité envers le prochain : mais la dernière porte le nom de *perception;* et elle est le caractère distinctif des hommes célestes, qui sont dans le bien de l'amour envers le Seigneur.

Un ou deux exemples éclairciront la nature de la Conscience. Supposez un homme qui en possession de la propriété d'un autre, de manière qu'il puisse la retenir sans que celui-ci en ait connaissance, et sans crainte de la loi ou de la perte de son crédit et de sa réputation; s'il la restitue à son vrai propriétaire, par la raison qu'il n'a aucun droit légitime de la garder, cet homme a de la Conscience, d'autant qu'il fait le bien pour le bien, et ce qui est juste à cause de la justice. Supposez encore un homme qui a en son pouvoir de se faire nommer à une place importante de préférence à un autre, mais qui a de bonnes raisons de croire que son compétiteur est plus propre que lui à cette place, et qui, dans cette conviction, abandonne sa prétention pour le bien de son pays et du public; cet homme a une bonne Conscience. La même règle s'applique à tous les autres cas. Mais celui qui n'a égard qu'à lui seul, et qui, afin de servir son intérêt mondain, ne se fait point scrupule de frauder son prochain et de lui faire tort de toute autre manière, quand il pense qu'il peut le faire sans risque d'être découvert, n'est point un homme droit et juste, parce qu'il est totalement dénué de Conscience.

Les adultes qui n'ont point reçu de Conscience dans ce monde, ne peuvent en recevoir dans l'autre, et conséquemment ils ne peuvent être sauvés : la raison en est qu'ils n'ont pas de plan ou de fond en eux dans lequel le ciel, ou le Seigneur par le ciel puisse descendre, et par lequel il puisse opérer de manière à les amener à lui ; car c'est la Conscience, quand elle est formée, qui reçoit l'influx du ciel, et cause la conjonction avec lui. Il suit de là, que ceux qui sont finalement perdus n'ont point de Conscience, et que leur tourment ou punition vient de toute autre source. Il est donc de la plus grande importance pour le bien être futur de l'homme, qu'il acquière, pendant qu'il est dans le corps, les vrais principes de la vie céleste, et que, en toute occasion, il se conduise justement, droitement et consciencieusement.

XXIX. *De la Piété.*

Plusieurs supposent que la vie spirituelle, ou la vie qui mène au ciel, consiste dans la Piété, dans une apparence externe de sainteté, et dans le renoncement au monde. Mais la Piété sans charité ou amour pour le prochain, une sainteté externe sans celle qui est interne, et un renoncement au monde sans commerce avec le monde, ne constituent pas la vraie vie spirituelle de l'homme. Néanmoins la Piété quand elle vient de la charité, la sainteté externe quand elle vient de celle qui est interne, et le renoncement au monde quand il est uni avec la vie des usages dans le monde, constituent réellement et manifestent la vie spirituelle de l'homme.

La Piété consiste à penser et parler d'une manière pieuse et religieuse, à prier souvent, à se conduire dans ces occasions avec humilité, à fréquenter les lieux destinés au culte, à écouter dévotement les sermons, à recevoir dans les temps déterminés le sacrement de la sainte cène, et à faire tous les autres actes du culte, selon les statuts de l'Eglise. Mais la vie de la charité consiste à vouloir et faire du bien au prochain, et à agir en toute occasion par un principe de justice et d'équité, de bonté et de vérité : en un mot, la vie de la charité consiste à rendre des services utiles à tous ceux qui nous environnent; et c'est là ce qui constitue premièrement et essentiellement le culte divin, tandis que la Piété n'en est que la partie secondaire et formelle. Cette dernière néanmoins, sans la première, est morte; et ceux qui la pratiquent sont en général remplis de l'idée de la supériorité de leur propre mérite et sainteté ; tandis que néanmoins, comme les Pharisiens hypocrites, « ils » payent la dîme de la menthe, de l'anet et du cu- » min, et omettent les choses les plus importantes » de la loi, le *jugement*, la *miséricorde* et la *foi* ». Matth., XXIII, 23.—L'apparence extérieure de sainteté, quand il n'y a point de dévotion intérieure qui lui corresponde, est de même nature et qualité. Chez tous ceux qui sont dans ce cas, il n'y a point d'amour du bien et du vrai, de la justice et de la sincérité pour le bien et le vrai, pour la justice et la sincérité ; mais au contraire quelques motifs personnels ou mondains sont la base de leur culte, et rendent leurs hautes prétentions à la religion nulles et vaines.

Le renoncement au monde, qui est demandé par la loi divine, ne consiste pas à rejeter les choses mondaines, telles que les richesses, les honneurs et les commodités de la vie naturelle ; ni à méditer continuellement sur Dieu, le salut et la vie éternelle ; ni à employer tout son temps à la prière, et à la lecture de la Parole et d'autres livres pieux ; ni à mortifier son corps, comme quelques-uns l'ont imaginé et enseigné par ignorance : mais il consiste à aimer le Seigneur et le prochain, à agir justement, droitement, sincèrement et consciencieusement, selon les préceptes divins, dans toutes les occasions et situations de la vie, et ainsi à nous abstenir du mal du monde, pendant que nous y vivons nécessairement en société avec les autres ; selon ces paroles du Seigneur : « Je ne te demande » pas de les *ôter du monde ;* mais de les *garder du* » *mal* ». Jean, XVII, 15.

XXX. *De l'Imputation.*

Dans les Eglises qui ont adopté la foi erronée

de trois personnes divines existant de toute éternité, on enseigne, que la justification et le salut sont opérés par Dieu le Père, par l'Imputation des mérites et de la justice de son fils Jésus-Christ ; et que cette Imputation a lieu quand et envers qui il lui plaît, sans aucun égard à ceux qui sont les objets de l'élection, mais uniquement par une prédétermination arbitraire, non conditionnelle, et selon son souverain plaisir. Mais comme la foi qui a donné naissance à ce délire de l'esprit, est elle-même opposée à l'unité divine, et que dans ses conséquences elle ne peut être considérée par aucun esprit vraiment raisonnable, sans une espèce d'horreur et une juste indignation, il n'en sera question ici que pour en faire voir le contraste avec la vraie doctrine de l'Imputation du bien et du mal, selon la nature et la vie de l'homme.

Le mérite et la justice de notre Seigneur Jésus-Christ consistent dans les divers actes de la rédemption, qu'il a opérés pendant son séjour sur la terre ; et comme la rédemption a été une œuvre purement divine, ainsi qu'il a été déjà expliqué dans le premier article, l'Imputation du mérite de Jésus-Christ à une simple créature, à un ver insignifiant, doit être une chose absolument impossible et absurde au plus haut degré. Car si la rédemption ne peut être appliquée ou attribuée à quelque ange ou homme, pas plus que la création et la conservation de l'univers, parce que la rédemption est une sorte de seconde création, il s'ensuit que le mérite de cette œuvre ne peut être imputé qu'à celui qui l'a réellement accomplie.

L'Imputation qui a véritablement lieu est une Imputation de bien et de mal, et en même-temps de foi, mais seulement autant que l'homme, par sa vie, s'est approprié l'un ou l'autre. De là il est écrit : « Le Fils de l'homme viendra dans la gloire » de son Père, avec ses Anges ; et alors il rendra à » chacun *selon ses œuvres* ». Matth., XVI, 27. « Ceux » qui *auront fait de bonnes œuvres*, se lèveront » pour la résurrection de la vie ; et ceux qui en » *auront fait de mauvaises*, pour la résurrection » de la condamnation ». Jean, V, 29. « Heureux est » l'homme à qui Jéhovah *n'impute pas l'iniquité* ». Ps. XXXII, 2. Les récompenses et les punitions annoncées dans ces passages, renferment l'Imputation du bien et du mal ; mais néanmoins elles doivent être considérées comme le résultat nécessaire et inévitable du genre et de la qualité de vie que l'homme s'est choisi. Cela est vrai en particulier à l'égard de l'Imputation du mal, qui, quoique permis par le Seigneur, n'est pas, à proprement parler, imputé par lui à l'homme, mais plutôt modéré et adouci par la divine miséricorde dans sa surveillance aux lois générales de l'ordre divin. Mais à l'égard de l'Imputation du bien et de la foi, elle doit toujours être regardée comme l'effet de la divine miséricorde, qui s'étend sur l'homme régénéré, et est reçue par lui, lorsqu'il devient Ange, selon la qualité de sa vie passée.

XXXI. *Du Mérite de l'Homme.*

C'est le caractère de l'homme naturel de mettre du mérite dans les bonnes œuvres, ou de faire des choses utiles aux autres personnes purement pour la récompense, dans la vue du gain, ou de la réputation, ou de quelque autre intérêt mondain. La récompense étant ainsi son motif, ou la fin qu'il se propose, il est évident que tout le bien qu'il fait reçoit sa qualité de l'intérêt personnel, et qu'étant ainsi teint et souillé dans sa source, il doit nécessairement être mal à l'égard de celui qui le fait, quoique profitable à celui qui en est l'objet, et quoiqu'il ait une apparence agréable et séduisante.

Mais l'homme vraiment spirituel, qui fait le bien uniquement par amour du bien ou pour le bien, ne veut pas entendre parler de mérite, sinon pour l'attribuer au Seigneur, de qui seul procède tout bien réel. Au contraire, il désire de servir son prochain à cause du prochain même, d'aimer son ami à cause de son ami, d'être utile à son pays à cause de son pays, et de faire du bien à tous selon leurs différens états, et selon son pouvoir, non par l'espoir ou l'attente de quelque récompense, mais par une affection généreuse et désintéressée, inspirée dans son âme par celui dont l'amour est universel et pur, et qui ne peut rien recevoir en retour de tous les dons miséricordieux qu'il fait aux hommes, si ce n'est leurs actions de grâce et leur humble adoration.

XXXII. *Du Baptême.*

Comme dans toutes les églises qui ont existé dans le monde jusqu'à présent, il a été introduit quelque rite, cérémonie ou coutume particulière, pour distinguer chacune des autres; de même, dans l'Eglise chrétienne, à l'exemple, ainsi que par le précepte du Seigneur, le Baptême fut institué à la place de la circoncision, qui était un rite adopté par le peuple Juif, pour représenter la purification de l'esprit et par là la régénération. Mais comme l'Eglise chrétienne (ainsi appelée) a été telle jusqu'ici plutôt de nom que dans la vérité et la réalité; et comme elle est arrivée à la fin de sa dernière période ou consommation, et que conséquemment il ne reste rien en elle des essentiels d'une Eglise; que néanmoins c'est l'intention du Seigneur que les deux sacremens du Baptême et de la sainte Cène soient continués dans sa vraie Eglise, par toutes les générations suivantes; on doit considérer comme un devoir indispensable de conserver ces deux institutions, surtout parce que leurs usages et leur signification sont maintenant révélés, ainsi que le sens spirituel de l'Ecriture-Sainte.

Le Baptême ayant été institué à la place de la circoncision, comme un signe externe et mémoratif de l'admission de l'homme dans l'Eglise, et de son instruction, réformation et régénération futures, aussi bien que des diverses épreuves et tentations par lesquelles il doit nécessairemen passer, il n'importe pas que la cérémonie soit faite ou par immersion, comme elle est pratiquée dans les climats chauds, ou par aspersion ou ondoyement sur le front, comme dans les pays septentrionaux. L'immersion de tout le corps représente en effet la purification de tout l'homme : mais l'aspersion de l'eau ou l'ondoyement sur le front seul signifie la même chose, parce que le front désigne les intérieurs de l'homme, et conséquemment tous les extérieurs qui en dérivent. Il suffit donc que l'eau soit actuellement appliquée au front; car la cérémonie dans cette forme est également efficace dans le monde spirituel, soit que la quantité d'eau appliquée au corps soit grande ou petite, le résultat dans les deux cas étant exactement le même.

La première utilité du Baptême est l'introduction dans la nouvelle et vraie Eglise chrétienne, et en même temps l'admission parmi ceux qui, dans le monde spirituel, sont dans une foi semblable à celle de cette Eglise sur la terre. Néanmoins la simple cérémonie du Baptême, comme il a été déjà observé, n'est qu'un signe externe de l'introduction ou admission dans l'Église, qui doit précéder l'instruction; et par conséquent il peut être administré aux enfans avant même l'âge de raison, et lorsqu'ils sont encore incapables de recevoir ou de comprendre quelque chose touchant la foi. Cependant ce signe, comme tout autre acte, fait selon les indications de la sainte Parole, est perçu dans le ciel, et le baptisé est par-là distingué dans le monde spirituel, selon la qualité de la foi professée au temps du Baptême.

La seconde utilité du Baptême est que le baptisé peut connaître et reconnaître le Seigneur Jésus-Christ, et le suivre par une vie d'obéissance à ses commandemens. Cette connaissance et cette reconnaissance sont acquises graduellement; car l'homme doit apprendre premièrement, que Jésus-Christ est le Sauveur et Rédempteur du monde ; secondement qu'il a tout pouvoir dans le ciel et sur la terre ; et troisièmement que lui et le Père sont absolument une même Personne divine. Ainsi il sera conduit à reconnaître le Sauveur lui-même comme le seul Dieu, manifesté en chair, dans lequel néanmoins est une divine Trinité, appelée, Père, Fils et Saint-Esprit, comme l'âme, le corps, et l'opération, en l'homme. Mais il ne suffit pas que l'entendement soit éclairé pour discerner ces vérités essentielles; le cœur et la vie doivent aussi être engagés dans l'œuvre de la régénération, qui s'avance pas à pas selon que l'homme s'éloigne du mal, et apprend à faire le bien.

La troisième et finale utilité du Baptême est que l'homme peut être réellement régénéré; auquel cas il est baptisé, non pas seulement avec l'eau, mais avec le Saint-Esprit et avec le feu ; en d'autres mots, il est entièrement renouvelé dans son esprit et dans sa vie, par l'efficacité de la divine Vérité dans son entendement, et du divin Amour dans son cœur, l'un et l'autre procédant du Seigneur, et l'un et l'autre produisant les bienheureux effets de la rédemption, de la régénération et du salut.

D'après cet aperçu de la nature, de la signification et des utilités du Baptême, nous pouvons maintenant connaître la vraie signification des paroles de notre Seigneur à Nicodème, quand il lui dit : « A moins que l'homme ne naisse de l'*eau* et de « l'*esprit,* il ne peut entrer dans le royaume de « Dieu ». Jean, III, 5. L'eau signifie le vrai de la foi reçu de la Parole dans l'entendement et dans les affections; l'esprit signifie la vie dirigée et influencée par ce vrai ainsi reçu; et naître de l'un et de l'autre, signifie être régénéré par ces moyens.

XXXIII. *De la Sainte Cène.*

Le Baptême étant une introduction dans l'Église, la sainte Cène peut être considérée comme une introduction dans le Ciel, parce qu'elle a été instituée pour ouvrir avec le Ciel et aussi avec le Seigneur lui-même une communication plus directe et plus immédiate que ne le peut faire toute autre cérémonie de l'Eglise. Elle est par conséquent ce qu'il y a de plus sacré et de plus solennel dans le culte. Ceux dont les idées se bornent au sens littéral de la Parole ne peuvent comprendre comment la sainte Cène peut produire un pareil effet; car ils s'imaginent, ou avec les Catholiques Romains, que les élémens du pain et du vin sont miraculeusement convertis en corps naturel et réel du Seigneur, qui a été attaché à la croix, ou avec les Protestans, qu'il a été prescrit de se servir de ces élémens seulement en mémoire du crucifiement du Seigneur, par lequel la justice divine fut satisfaite, la colère du Père apaisée, et la rédemption de l'homme accomplie. Mais ce n'est que par la connaissance du sens interne de la Parole que les usages réels de la sainte Cène peuvent être discernés; et ce sens enseigne ce que signifient réellement le corps et le sang du Seigneur, le pain et le vin, et le manger et boire.

Selon ce sens, le corps du Seigneur et sa chair signifient son divin amour et sa divine bonté envers le genre humain; lequel amour est inhérent à sa divine Humanité et en procède, par le moyen de sa sainte Parole; c'est ce qui est représenté et signifié par le pain. Le sang du Seigneur signifie sa divine sagesse et sa divine vérité, également inhérentes à sa divine Humanité et en procédant, par le moyen de sa Parole; c'est ce qui est représenté et signifié par le vin. Manger et boire signifient la réception et l'appropriation, de la part de l'homme, des influences célestes de l'amour, de la charité et de la vraie foi, représentés par le pain et le vin, et en même temps la conjonction avec le Seigneur, qui constitue le ciel et la vie éternelle.

Que cette interprétation de la chair et du sang du Seigneur soit conforme à sa propre doctrine, concernant lui-même, son divin Amour et sa divine Sagesse, c'est ce qui est évident par ces paroles :

« Je suis le pain vivant, qui est descendu du ciel :
» si quelqu'un mange de ce pain il vivra éternelle-
» ment : et le pain que je donnerai est *ma chair*,
» que je donnerai pour la vie du monde. En vérité,
» en vérité, je vous dis que si vous ne mangez *la*
» *chair* du Fils de l'Homme et ne buvez son *sang*,
» vous n'aurez point la vie en vous. Celui qui mange
» *ma chair* et boit *mon sang*, a la vie éternelle, et
» je le ressuciterai au dernier jour. Car *ma chair* est
» véritablement aliment et *mon sang* est véritable-
» ment breuvage. Celui qui mange ma chair et boit
» mon sang, habite en moi et moi en lui ». Jean, VI, 51 à 57. Or puisque rien ne peut alimenter la vie spirituelle de l'homme, que ce qui est spirituel, il est évident, que la chair du Seigneur et le pain signifient le divin Bien, et son sang le divin Vrai, et manger et boire, la réception de l'un et de l'autre dans le cœur et dans la vie.

On peut en outre observer, pour avoir une idée plus claire des utilités effectuées par la sainte Cène, que les anges qui sont présens en l'homme pendant qu'il y participe, n'ont que des perceptions spirituelles du pain et du vin que l'on y prend; ainsi les mots pain, vin, corps, chair, sang, manger et boire, excitent dans leur esprit les idées et les affections d'amour, de charité, et de foi, d'où suit la conséquence qu'ils communiquent immédiatement, ou plutôt le Seigneur par eux, une influence sainte et céleste à tous ceux qui sont dans un état propre à la recevoir. De cette manière la sainte Cène, qui peut très-bien être appelée le vrai souper de noce de l'Agneau, opère une association de l'homme avec les anges du ciel, et sa conjonction avec le Seigneur lui-même. Car quoique ce repas de noce soit célébré sur la terre, l'Epoux l'honore réellement de sa divine présence, et nourrit les anges et les hommes à la même table. « *Ils sont abondamment satisfaits avec la graisse de ta maison ;* et » tu les feras *boire au fleuve de tes délices* ». Psaume XXXVI, 8.

Puisque le Seigneur est présent dans la sainte Cène avec le divin Bien de son amour et le divin Vrai de sa sagesse, qui sont les universels du ciel et de l'Eglise, il s'ensuit que les particularités qui en dépendent y sont aussi renfermées et contenues. Que le Seigneur y est présent quant à son Humanité, cela est évident par les paroles mêmes de son institution : « *Ceci est mon corps ; ceci est mon sang.* » Et comme sa Divinité ne peut pas plus être séparée de son Humanité, que l'âme ne peut être séparée de son corps, sans perte de la vie, nous concluons que le Seigneur est entièrement et complétement présent dans la sainte Cène, aussi bien à l'égard de sa Divinité essentielle, qu'à l'égard de son Humanité glorifiée ; et que partout où elles sont reconnues et adorées, là est le Ciel, là est l'Eglise, et là sont les fruits de la rédemption.

XXXIV. *Du Mariage.*

Nous avons déjà observé dans les articles 15 et

16, que comme tout ce qui existe dans l'univers selon l'ordre divin, se rapporte au Bien et au Vrai, et à leur union, de même tout dans l'homme se rapporte à sa volonté et à son entendement, qui sont les réceptacles du Bien et du Vrai, ou de l'amour et de la sagesse, et à leur conjonction dans son esprit et dans sa vie. Cette conjonction du Bien et du Vrai dans l'homme est comparée dans la Parole au Mariage, et descend réellement d'un semblable Mariage du Bien et du Vrai dans le ciel, lequel descend à son tour du Seigneur lui-même, dans lequel le divin amour et la divine sagesse sont essentiellement un. Mais le Mariage céleste, tant qu'il n'existe que dans *un seul esprit individuel*, ne peut être complété dans toute sa plénitude et sa perfection, ni produire une sensation de félicité aussi grande et aussi exquise, que lorsqu'il a pour sujet *l'esprit uni* de l'homme et de la femme. Cela paraît aussi évidemment être la doctrine du Seigneur concernant le Mariage : « N'avez-vous pas lu » (dit-il aux Pharisiens) que celui qui les fit au » commencement, les fit *mâle et femelle ;* et qu'il » dit : c'est pourquoi l'homme abandonnera son » père et sa mère, et s'attachera à sa femme, et ils » seront deux dans *une seule chair*. Ainsi ils ne sont » plus deux, mais *une seule chair :* que l'homme » donc ne sépare pas ce que Dieu *a joint* ». Matth., XIX, 4 à 6.

Puis donc que le Mariage céleste du Bien et du Vrai engendre dans l'esprit de l'homme un amour correspondant, et que cet amour ne peut exister dans toute sa plénitude, sa perfection et sa félicité, lorsqu'il n'est reçu que par un seul, homme ou femme; mais qu'il doit être implanté et confirmé dans les deux par une communication mutuelle et réciproque ; il s'ensuit que l'état du Mariage est en l'homme selon l'état de la religion, et que quand il est sous l'influence du vrai amour conjugal, c'est l'état le plus saint, le plus chaste et le plus parfait, aussi bien que le plus heureux, auquel les hommes et les anges puissent atteindre. Il est donc certain, et par le but de la création, et par le témoignage de la Parole bien entendue, que le vrai amour conjugal, qui ne peut exister qu'entre un seul homme et une seule femme, d'autant qu'il est fondé sur le Mariage du Bien et du Vrai, et correspond au Mariage du Seigneur et de son Eglise, est le caractère distinctif et premier de la vraie Religion chrétienne ; parce qu'il est le fond ou le plan qui reçoit l'influx divin et avec lui tous les plaisirs, toutes les joies, délices et félicités, depuis les premiers principes jusqu'aux derniers effets, qui puissent être accordés à l'homme par le Seigneur son Créateur, Rédempteur et Régénérateur.

XXXV. *De l'Eglise.*

Ce qui constitue le Ciel en l'homme, constitue aussi l'Eglise : et comme c'est l'amour et la foi, le bien et le vrai qui constituent le Ciel, ils constituent aussi l'Eglise, soit dans un individu, soit dans une seule société, ou dans plusieurs sociétés. Partout où le Seigneur est visiblement reconnu, et sa Parole reçue comme divine, là est l'Eglise; car les essentiels de l'Eglise sont l'amour et la foi, ayant pour objet le Seigneur. Mais parce que la Parole, comme système régulier des vérités divines, est en plusieurs points inintelligible sans une doctrine, il est nécessaire qu'une doctrine pure soit tirée de la Parole, et appliquée pour former une vraie Eglise. Cependant la doctrine seule ne constitue pas l'Eglise en l'homme; mais c'est la vie selon la doctrine qui la constitue. Il suit de là, que l'Eglise n'est pas formée par la foi seule, mais par la vie de la foi, qui est la charité. La pure ou vraie doctrine est la doctrine de la charité et de la foi unies, et c'est proprement la doctrine de vie.

Ceux qui sont hors du giron de l'Eglise, tels que les Gentils, ou Payens, et qui néanmoins reconnaissent un Dieu, et vivent dans la charité envers leur prochain, selon les préceptes de leur religion, c'est-à-dire selon les lumières qu'ils ont reçues, sont en communion spirituelle avec les membres de la vraie Eglise, et seront finalement sauvés: car le Seigneur est miséricordieux pour tous, et n'exige autre chose de l'homme, sinon qu'il fasse valoir le talent confié à ses soins, quelque petit qu'il soit. De là nous concluons, que l'Eglise universelle du Seigneur est dans toutes les parties du globe, quoique dans un sens plus particulier elle ne se trouve que parmi ceux qui reconnaissent le Seigneur, et sont en possession de sa Parole.

Cela peut être éclairci par l'analogie qui existe entre l'Eglise universelle et le corps humain. L'Eglise en particulier, où le Seigneur est connu et sa Parole reçue, peut être comparée au cœur et au poumon dans l'homme, parce que dans ces deux viscères la vie est plus centrale et plus active que dans les autres parties du corps. Mais comme par leur moyen le sang est porté et circule dans tout le système animal, et qu'ainsi la vie est communiquée non-seulement aux parties adjacentes, mais encore aux extrémités, où la circulation est presque imperceptible; de même dans la grande société du genre humain, les vérités divines et les influences du Seigneur et de sa Parole se répandent, d'une manière spirituelle, de la vraie Eglise à toutes les parties de ce corps spirituel qui forme l'Eglise universelle du Seigneur; et aussi par une communion intérieure, les saints ou les bons, chez toutes les nations et dans tous les pays de la terre, sont tous unis dans les liens de l'amour et de l'affection fraternelle, et à la vue du Seigneur ils sont comme une seule forme angélique, dont il est lui-même la vie et l'âme.

En général, l'Eglise est interne et externe : son interne consiste dans l'amour envers Dieu, et la charité envers le prochain; et son externe, dans le culte fondé sur un principe d'obéissance et de foi. Sous un autre point de vue, la connaissance du vrai et du bien, avec la pratique de l'un et de l'autre, constituent l'externe de l'Eglise ; tandis que le désir et l'amour du vrai et du bien, avec la vie selon l'un et l'autre, constituent l'interne de l'Eglise. Mais l'interne et l'externe doivent être unis pour le complément et la perfection de l'Eglise, soit qu'on la considère comme existante parmi les sociétés en général, ou chez les individus en particulier.

Il y a eu quatre Eglises générales sur la terre depuis la création du monde; savoir : la première ou la très-ancienne Eglise, appelée aussi Eglise Adamique, dont le commencement, les progrès et la fin, sont décrits dans les sept premiers chapitres de la Genèse; la seconde ou l'ancienne Eglise, appelée aussi Eglise Noétique, qui commença à Noé et ses enfans, après le déluge; la troisième ou l'Eglise Judaïque et Israélitique, qui fut plutôt une Eglise représentative de l'Eglise Chrétienne, qui devait lui succéder, qu'une Eglise réelle, et comme la continuation de l'Eglise ancienne; et la quatrième ou l'Eglise Chrétienne, qui fut fondée par le Seigneur pendant son séjour sur la terre; mais qui, comme toutes les autres, dégénéra, et à la fin est périe.

Ces quatre Eglises générales furent représentées par la statue que Nabuchodonosor vit en songe, et dont la tête était d'or, la poitrine et les bras étaient d'argent, le ventre et les cuisses d'airain, les jambes et les pieds de fer mêlé d'argile. Voyez Daniel, II, 31 à 35. Elles furent aussi représentées par les quatre bêtes s'élevant de la mer; Daniel VII, 3 à 8. Elles furent encore désignées par les Anciens, dans la description qu'ils ont donnée des quatre âges du monde, et dans la comparaison qu'ils en ont faite, quant à leurs différentes qualités, avec les quatre principaux métaux; appelant le premier, l'âge d'or; le second, l'âge d'argent; le troisième, l'âge d'airain; et le quatrième, l'âge de fer. Mais la sagesse de ces Anciens n'alla point jusqu'à prévoir ou prédire le cinquième âge, qui devait succéder aux quatre premiers, et comprendre en lui seul toutes les excellentes propriétés du fer, de l'airain, de l'argent et de l'or. Cela ne pouvait être manifesté que par la divine Sagesse, qui embrasse d'un coup d'œil tous les états futurs de la société humaine, qui a dicté, principalement pour l'usage de ce cinquième âge, l'Ecriture-Sainte, et qui y a clairement révélé que, lorsque la figure des Eglises précédentes serait détruite, et que les quatre âges seraient accomplis, et au commencement du nouvel âge qui doit être éternel, « le Dieu du » ciel établira un royaume qui ne sera point dé- » truit; qu'il paraîtra lui-même dans les nuées du » ciel, comme *Fils de l'homme* », et en même temps comme « l'*Ancien des jours* »; et que dans ce double caractère il réclamera et recevra, d'une manière triomphante, « la domination et la gloire, et un » royaume, afin que tous les peuples, toutes les » nations et langues, le servent; dont la domina-

» tion est une domination éternelle, qui ne passera » point, et dont le royaume ne sera point détruit ». Daniel, II, 44. VII, 13, 14. Ce royaume, cet âge, cette Eglise, a déjà commencé; et son nom, qui d'abord a été prononcé dans le ciel, et est maintenant répété sur la terre, est NOUVELLE JÉRUSALEM.

XXXVI. *De la Mort et de la Résurrection.*

L'homme a été créé de manière que, quant à son interne, il ne peut jamais mourir : car il peut penser à Dieu, croire en Dieu, aimer Dieu, et ainsi être conjoint à Dieu par la foi et l'amour. Cette capacité, qui distingue l'homme d'avec la bête, le rend propre à vivre éternellement. Son externe, qui est appelé le corps, est destiné à lui servir aux différens usages dans le monde naturel, et à établir pour ainsi dire le fondement de son existence future et éternelle. Cet externe est rejeté par la mort, et n'étant plus utile, il n'est jamais repris. Mais son interne, qui est appelé son esprit, est destiné à accomplir les usages dans le monde spirituel; et, par conséquent, il ne meurt jamais, comme il a été observé. Cet interne, après la mort du corps, est un bon esprit ou un ange, si l'homme, pendant qu'il a vécu dans le monde, était un homme bon; mais il est un mauvais esprit ou un diable, s'il a été un homme méchant.

L'esprit de l'homme, immédiatement après la mort, apparait dans le monde spirituel en forme humaine parfaite, absolument comme l'homme dans le monde. Il y jouit aussi des mêmes facultés de la vue, de l'ouïe, du tact, de la parole, comme dans le monde; des mêmes facultés de penser, de vouloir et d'agir, comme dans le monde. En un mot, il est à tous égards le même homme qu'il a été auparavant, n'ayant rien perdu ni gagné par ce changement de lieu, sinon qu'il a quitté ce corps matériel et grossier, dont il était revêtu dans le monde, comme d'une enveloppe terrestre, ou comme de quelque chose presque étranger à son caractère intrinsèque d'homme, et qui étant une fois laissé de côté, est laissé pour toujours. Cette continuation devie est ce qu'il faut entendre par la Résurrection.

La vie de l'homme après la mort est la vie de son amour et de sa foi : de là, telle a été la qualité de son amour et de sa foi pendant son séjour dans le monde, telle sera sa vie éternellement, parce que dans son état spirituel la qualité de son esprit ne peut plus être changée. Pour qu'il puisse s'opérer un changement réel et permanent en l'homme, il faut que tous les principes qui le constituent, depuis le plus élevé ou l'interne, jusqu'au plus bas ou l'externe, soient tenus dans un état susceptible d'un tel changement; parce que l'opération de la rénovation ou régénération, comme celle de la nutrition dans le corps naturel, agit *simultanément* aussi bien que *successivement* dans l'homme entier. Or comme ce changement doit dans sa mesure et son degré affecter tous les principes *en même tems*, il s'ensuit qu'il est impossible qu'il fasse quelque progrès lorsque l'un de ces principes, celui qui fait la base ou le dernier plan de réception, vient à manquer, ou au moins à rester en repos, et à être ainsi incapable de changement. Les externes de l'esprit humain arrivent à cet état par la mort, et par le rejet du corps matériel : de là vient que ni la pénitence, ni un changement réel de vie, ne peuvent avoir lieu par la suite, mais que la vie qui influe du Seigneur et du Ciel est déterminée et fixée, au moment où elle entre, selon la forme, la qualité et l'état des derniers principes de l'esprit.

Ceux qui ont été dans l'amour de soi et du monde par dessus toutes choses, et qui n'ont pas tâché, par les moyens de salut révélés, d'opérer dans leur esprit un changement avantageux de disposition, pendant qu'ils en avaient la possibilité, se confirment de plus en plus dans leurs maux, et enfin entrent entièrement dans les amours de la vie de l'Enfer. Mais ceux qui ont aimé le Seigneur par dessus toutes choses, et le prochain comme soi-même, et qui ont tâché de vivre conformément aux lois divines, sont de plus en plus confirmés dans les habitudes du bien, et à la fin entrent entièrement dans les amours et la vie du Ciel. La vie du Ciel est ce qui est appelé dans la Parole la *Vie éternelle ;* la vie de l'Enfer est ce qui est appelé la *Mort éternelle.*

On croit communément que le corps matériel,

qui est mis en terre, ressuscitera à une époque future, appelée le jour du Jugement; qu'alors les cieux et la terre seront détruits par le feu, pour être remplacés par un nouveau ciel et une nouvelle terre, et que jusque là les âmes des morts voleront en l'air, dans l'anxiété et dans l'attente, ou seront dissipées, étant incapables de vivre comme homme jusqu'à ce qu'elles soient réunies à leur corps. Ces idées vaines, et autres semblables, ont été émises et adoptées par plusieurs dans l'Eglise, parce qu'ils n'ont pas compris le vrai sens de l'Écriture-Sainte, lequel traite des choses spirituelles sous des images naturelles; et ils y ont de plus été confirmés par les raisonnemens des hommes sensuels, qui supposent que toute la vie est bornée au corps matériel, et que, aussitôt que ce dernier périt, l'homme entier a perdu son existence, laquelle ne peut par conséquent être renouvelée que par la revivification de ce même corps. Mais la doctrine claire et expresse de la divine Révélation est, que l'homme, immédiatement après sa mort, ressuscite dans le monde spirituel, comme il a déjà été dit, ou continue de vivre comme homme dans une forme et un corps spirituel, semblable en apparence à son premier corps, mais essentiellement différent de lui en substance.

Nous lisons dans l'Ancien-Testament, que Samuel, après qu'il fut mort et enterré, apparut à Saül, et parla avec lui, pendant que son corps matériel était dans le tombeau. *Voy.* I, Samuel, XXVIII,

11 à 19. Mais nous sommes plus particulièrement instruits sur ce sujet dans le Nouveau-Testament qui énonce distinctement que lorsque notre Seigneur fut transfiguré sur la montagne : « *Deux* » *hommes*, qui étaient *Moïse* et *Élie*, lui apparu- » rent dans la gloire, et parlèrent de sa mort, qu'il » devait accomplir à Jérusalem ». Luc, IX, 30, 31. Matth., XVII, 3, 4. Marc, IX, 4, 5. Le Seigneur répondit aux Sadducéens, qui niaient la Résurrection et qui lui proposaient ce qui leur paraissait des difficultés sur cet article : « Quant à la Résurrection » des morts, n'avez-vous pas lu ce qui vous a été » dit par Dieu : Je suis le Dieu d'Abraham, le Dieu » d'Isaac et le Dieu de Jacob. Or Dieu n'est pas le » Dieu des morts, mais *des vivans* ». Matth., XXII, 31, 32. Ici Abraham, Isaac et Jacob, sont réprésentés comme vivans encore dans le monde spirituel, quoique leur corps matériel fût réduit en poussière. La même doctrine de la Résurrection, immédiatement après la mort, se trouve encore dans la Parabole du Riche et de Lazare, dont le premier, étant en Enfer dans les tourmens, *leva le yeux en haut* et vit Lazare dans le *sein d'Abraham*. Luc, XVI, 19 à 31. Enfin, Jésus dit au larron pénitent sur la croix : « *Aujourd'hui* tu seras avec » moi en Paradis ». Luc, XXIII., 43.

XXXVII. *Du Ciel et de l'Enfer.*

La vie de l'esprit de l'homme consiste en deux

choses : l'amour dans sa volonté, et la foi dans son entendement. Si ces deux choses sont dérivées du Seigneur, et ont le Seigneur pour objet, et si en même temps l'homme vit dans la charité envers son prochain, selon les préceptes de la sainte Parole, dans ce cas le royaume du Ciel est établi en lui. Car, comme le Seigneur l'enseigne en Luc, XVII, 21, le Ciel est dans l'interne de l'homme, c'est-à-dire, dans sa volonté et dans son entendement, autant qu'ils sont influencés par un vrai amour et une vraie foi, d'où il s'étend à l'externe, c'est-à-dire, aux actions et aux paroles, autant qu'elles sont sous l'influence du même amour et de la même foi. Mais le Ciel ne peut être dans l'externe s'il n'est d'abord dans l'interne : le bien, qui paraît extérieurement, sans un état correspondant d'affection spirituelle intérieurement, est purement naturel ou hypocrite.

Comme l'amour envers le Seigneur, et l'amour envers le prochain, avec la vraie foi, qui tire son essence de ces deux amours, constituent la vie du Ciel; de même l'amour de soi, et l'amour du monde, avec la fausse foi, qui tire son essence de ces amours désordonnés, constitue la vie de l'Enfer. Ou comme le plaisir de faire le bien, avec le bonheur qui l'accompagne, constitue le Ciel; de même le plaisir de faire le mal, avec le malheur qui le suit, constitue l'Enfer. Ceux qui ont en eux la vie du Ciel dans ce monde, l'ont aussi après la mort, mais dans une plénitude et une perfection beaucoup plus grandes, accompagnées d'une joie et d'une félicité inexprimables. Le Ciel qu'ils portent dans leur sein produit un Ciel correspondant autour d'eux ; de manière que telles sont la durée et la qualité de leur amour envers le Seigneur et envers le prochain, telle est leur félicité interne et externe, qui ne peut être conçue par un esprit purement naturel. D'un autre côté, ceux qui ont laissé dominer en eux la vie de l'Enfer dans ce monde, continuent d'être sous la même influence après la mort, mais à un plus haut degré ; tandis que la misère et le malheur, qui est nécessairement attaché à l'amour et à la pratique du mal, les assaille continuellement et leur ronge le cœur.

Le feu de l'Enfer n'est pas, comme plusieurs le supposent, un feu matériel ; car ce feu ne peut nullement affecter ou tourmenter un esprit. Mais c'est la concupiscence ou le plaisir du mal, qui consiste dans l'envie, la haine, la vengeance, la cruauté, et autres passions mortelles. Car comme la chaleur bénigne du Ciel est un amour pur et désintéressé, et une bienveillance universelle ; de même l'amour infernal est un désir ardent et continuel de commettre des violences, et de répandre la destruction parmi tous les autres. C'est pourquoi le Prophète dit : « *La méchanceté brûle comme le feu :* elle dé» vorera les ronces et les épines, et allumera les » haliers de la forêt, et *des tourbillons de fumée* » *s'élèveront :* Le peuple sera comme *la pâture du* » *feu :* L'homme n'épargnera point son frère ».

Isaïe, IX, 18, 19. Dans ce passage, et dans plusieurs autres, le feu signifie la concupiscence de l'amour de soi et de l'amour du monde; et la fumée qui s'élève signifie le faux qui vient du mal et l'accompagne.

Sous un point de vue général, le Ciel est distingué en deux royaumes, le céleste et le spirituel, ainsi nommés à cause des amours différens qui caractérisent les anges. L'amour envers le Seigneur étant de sa nature supérieur à l'amour envers le prochain, et en même temps plus céleste, est par conséquent appelé un *Amour céleste*, et les anges chez qui il prédomine sont appelés *Anges célestes ;* tandis que ceux dont le caractère distinctif est l'amour du prochain, sont appelés *Anges spirituels*, parce que leur amour est vraiment *spirituel*. Le royaume céleste est aussi appelé le *Sacerdoce* et l'*Habitation* du Seigneur; et le royaume spirituel est appelé la *Royauté* et le *Trône* du Seigneur. Par rapport au premier, le Seigneur, pendant qu'il était dans le monde, fut appelé *Jésus ;* et par rapport au second, *Christ*.

Mais, outre cette distinction générale, tout le Ciel est aussi divisé en trois cieux distincts : l'intime, le plus haut ou troisième ciel, proprement appelé céleste; celui du milieu ou second ciel, appelé spirituel; et le plus bas ou premier ciel, appelé spirituel-naturel et céleste-naturel, parce qu'il participe en quelque degré à la qualité spirituelle et céleste, par l'influx des deux premiers. Ces distinctions sont semblables à celles qui ont lieu dans l'homme, et ont un certain rapport à la tête, au tronc et aux pieds; ou à l'âme, au corps et à l'acte; et, relativement au Seigneur lui-même, de qui le ciel dérive, au Père, au Fils, et au Saint-Esprit.

Le Ciel est aussi divisé en innombrables sociétés dans chaque royaume général, et dans chaque ciel particulier, selon les variétés indéfinies de réception du Bien et du Vrai influant du Seigneur. Quoique les anges soient ainsi arrangés en royaumes, cieux et sociétés distincts, il y a une communication entre eux tous, non pas à la vérité par un commerce ouvert et manifeste de société à société, ou d'individu à individu, dans les divers cieux; mais par un influx intérieur des principes vitaux du plus haut ciel au plus bas, et par une extension de la sphère de la vie de chaque société et individu : de manière que la félicité de chacun est perçue par tous, et que la félicité de tous est réciproquement perçue par chacun.

Or de même que le Ciel en général est divisé en deux royaumes, en trois cieux, et en innombrables sociétés, ainsi l'Enfer est divisé en deux royaumes infernaux, en trois enfers, et en innombrables sociétés, le tout en opposition exacte et directe au Ciel angélique. De plus, tous les habitans des enfers pris collectivement, qui sont sous l'influence des maux de la volonté, sont appelés *Diables;* et ceux qui sont sous l'influence des faussetés, sont appelés *Satans*. De là, les esprits de cette première classe, sont appelés *Diables* ou *Génies* ; et ceux de la seconde classe, *Satans* ou *Mauvais esprits.* Aux premier, second et troisième cieux, sont aussi opposés un premier, un second et un troisième enfer ; et à chaque société angélique dans les cieux est opposée une société infernale ou satanique dans les enfers. Et de même que dans le Ciel l'amour envers le Seigneur et l'amour mutuel, accompagnés de toute espèce de biens et de vérités, produisent une félicité inexprimable, comme il a été déjà été observé ; ainsi de l'autre côté l'amour de soi et la haine mutuelle, accompagnés des maux et des faussetés de toute espèce, produisent un état de misère et de malheur qui ne peut être décrit.

Les habitans du Ciel, aussi bien que ceux de l'Enfer, sont tous de race humaine, sans aucune exception. L'opinion générale, que les anges furent originairement créés tels, et placés immédiatement dans le Ciel, sans avoir vécu comme hommes dans le monde naturel, et que plusieurs d'entre eux se révoltèrent ensuite, et furent précipités du Ciel, avec Lucifer, instigateur et chef de la révolte, n'a aucun fondement quelconque dans l'Ecriture-Sainte, soit dans l'Ancien, soit dans le Nouveau-Testament ; mais elle est née dans l'Eglise d'une fausse interprétation du vrai sens des passages où il est fait mention des anges, des enfans de Dieu et de Lucifer, fils du Matin ; et elle a encore été confirmée par les représentations des poëtes et d'autres écrivains fantasques. La vraie doctrine de la divine révélation sur ce sujet, est que l'homme fut créé et ensuite formé à l'image et ressemblance de Dieu; avec la capacité de devenir ange ou habitant du Ciel après son départ du monde naturel : de là, en plusieurs occasions, dans les pages sacrées, les anges sont expressément appelés hommes, et les hommes appelés anges (*). Car en effet tout homme, selon la qualité de sa vie dans le monde, devient après la mort, ou un ange, ou un diable; ange ou bon esprit, si sa vie a été bonne; diable ou mauvais esprit, si sa vie a été mauvaise. De plus sa vie, qu'il a acquise ici, ne peut plus être changée par la suite; mais l'homme demeure, étant esprit, tel qu'a été la nature de son amour dominant : car l'amour infernal ne peut être transmué ou changé en amour céleste, parce que ces deux amours sont opposés. C'est ce qu'il faut entendre par ces paroles d'Abraham à Lazare qui était en Enfer : « Il y a pour jamais » un grand abîme entre nous et vous; de sorte que » ceux qui veulent passer d'ici vers vous ne le peu- » vent; non plus que ceux qui veulent passer de là » où vous êtes vers nous ». Luc, XVI, 26. La même chose est désignée par le passage suivant : « Que » celui qui est injuste soit encore injuste; que celui » qui est souillé, se souille encore; que celui qui

(*) Si le lecteur est curieux de se satisfaire plus amplement sur ce sujet, qu'il lise attentivement les passages suivans : Genèse, XVIII, 1 à 33; XIX, 1 à 22. Josué, V, 13 à 15. Les Juges, XIII, 3 à 21. Ézéchiel, IX, 1 à 11; X, 2 à 7. Daniel, VIII, 13, 16; IX, 21; X, 5 à 21; XII, 7. Zacharie I, 8 à 11; II, 1 à 3. Luc, XX, 36. Apocalypse, XIX. 10? XXI, 17; XXII, 8, 9.

« est juste, se rende encore juste; et que celui qui « est saint, se sanctifie encore ». Apocalypse, XXII, 11. De là s'ensuit, que ceux qui sont une fois consignés en Enfer, y restent éternellement; et que ceux qui sont une fois élevés par le Seigneur dans le Ciel, y restent aussi éternellement.

XXXVIII. *De l'État intermédiaire, ou du Monde des Esprits.*

Le Monde des Esprits, ou ce monde dans lequel passent tous les hommes immédiatement après la mort de leur corps, est un état ou un lieu intermédiaire entre le ciel et l'enfer. Qu'il doive y avoir, dans la nature des choses, un tel état intermédiaire, cela est évident, si l'on considère ce qui constitue le ciel, et ce qui constitue l'enfer, et combien il est rare et peu commun que l'un ou l'autre de ces deux états soient achevés dans cette vie. Or comme le Bien et le Vrai, avec leur conjonction en l'homme, constituent le ciel en lui et hors de lui, et que, d'un autre côté, le mal et le faux, avec leur conjonction en l'homme, constituent l'enfer en lui et hors de lui; que cependant ni l'un ni l'autre de ces deux états opposés ne peuvent être supposés complets dans cette vie, tout homme, à quelques exceptions près, s'il y en a, étant partiellement dans le Bien et le Vrai, et partiellement dans le mal et le faux; il suit de là nécessairement, que l'homme mourant dans cet état mixte, à son entrée dans l'autre vie, n'est pas entièrement préparé, soit pour le ciel, soit pour l'enfer, mais qu'il est pour ainsi dire entre les deux.

Les hommes bons et vertueux, ou ceux en qui l'amour du bien prédomine sur l'amour du mal, sont donc délivrés par degrés des diverses imperfections, infirmités et erreurs qui adhéraient en eux dans leur état naturel, au moyen d'une instruction convenable à la capacité et à la disposition particulière de chacun; et ils sont ainsi préparés par le Seigneur pour entrer dans quelqu'une des sociétés célestes, où ils jouissent, en commun avec les anges, de toute la félicité dont leur amour et leur foi les a rendus susceptibles. Mais les méchans, ou ceux en qui l'amour du mal prédomine sur l'amour du bien, sont par degrés dépouillés du bien et du vrai, réels ou apparens, qu'ils avaient; et après avoir été réduits intérieurement et extérieurement à un état entièrement conforme aux principes du mal qu'ils avaient adoptés dans le monde, ils sont consignés, ou plutôt ils se jettent eux-mêmes dans les sociétés infernales, auxquelles ils sont unis par leur vie, et avec elles ils éprouvent toutes les misères inséparables de leur amour dominant, et de leur plaisir dans le mal.

Cette instruction des bons, et cette dévastation des méchans, après la mort, sont signifiées par ces paroles du Seigneur : A tous ceux qui ont *il sera* » *encore donné*, et ils auront abondamment; mais

» pour celui qui n'a point, *ce qu'il a même lui sera* » *ôté* ». Matth., xxv, 29.

La doctrine d'un état ou lieu intermédiaire étant difficilement reçue par ceux qui se sont jusqu'à présent imaginé que l'homme, un moment après sa mort, est ou élevé dans le ciel, ou précipité en enfer; il semble convenable d'indiquer quelques passages de l'Ecriture-Sainte, où cette doctrine est évidemment enseignée.

I. Samuel, xxviii, 11 à 19. Samuel, après sa mort, apparut d'abord à une femme qui avait un esprit familier, et ensuite à Saül, dont les yeux spirituels furent ouverts à cette occasion. Pendant cette entrevue, Samuel n'était ni dans le ciel, ni dans l'enfer, mais dans le Monde des Esprits, entre les deux.

II. Les Rois, vi, 17. Une montagne pleine de chevaux et de charriots de feu, fut vue dans le Monde des Esprits par le serviteur d'Elisée, lorsque ses yeux spirituels furent ouverts expressément pour cela.

Ezéchiel, chap. 2, 3, 8, 9, 10, 37, 40, 41, 42, 43, 44, 46, 47. Dans tous ces chapitres, le Prophète parle de ce qu'il vit en vision, ou dans le Monde des Esprits; mais particulièrement dans le chapitre 8, il dit : que pendant qu'il était en esprit, il fut élevé *entre le ciel et la terre;* et dans le chapitre 37 : que l'esprit le prit et le plaça au milieu d'*une vallée pleine d'os secs*, qui ensuite reçurent la vie. Or cette vallée n'était ni dans le ciel, ni dans l'enfer; et cependant elle était quelque part dans le Monde spirituel; car le Prophète dit expressément qu'il était *en esprit.* De là il suit évidemment qu'il y a un état ou un lieu intermédiaire entre le ciel et l'enfer, qui étant habité par des Esprits d'une qualité mixte, non encore préparés pour l'un ou pour l'autre, est appelé le *Monde des Esprits.*

Daniel, VII, 3 à 8, étant dans une vision spirituelle, vit quatre grandes bêtes s'élevant *de la mer.* Il vit aussi, VIII, 3 à 12, un belier et un bouc, dont le premier prospéra quelque temps, jusqu'à ce que le dernier le frappa, le jeta par terre et le foula aux pieds. Et chap. XII, 7; étant encore dans la vision de son esprit, il vit un homme revêtu de lin, sur le fleuve, lequel *éleva la main droite et la main gauche vers le ciel*, et jura par celui qui vit éternellement. Dans toutes ces circonstances, Daniel était lui-même, quant à son esprit, dans le Monde intermédiaire entre le ciel et l'enfer, où les choses qu'il vit alors étaient aussi.

Zacharie, I, II, III, IV, V, VI. Dans ces chapitres, Zacharie décrit ce qu'il vit, lorsque les yeux de son esprit furent ouverts pour voir les choses de l'autre vie, parmi lesquelles était un épha (sorte de mesure de capacité), avec une femme assise au milieu, et une masse de plomb à l'ouverture; le tout fut ensuite enlevé *entre la terre et le ciel*, par deux femmes qui avaient des ailes semblables à celles d'un milan, V, 6 à 9.

Luc XVI, 26. Abraham dans le ciel, dit au riche en enfer : « *Entre nous et vous* est un grand abî-

» me ». Ce grand abîme est cet état ou lieu intermédiaire entre le ciel et l'enfer, dont nous parlons.

Matth., XXVIII ; Marc, XVI ; Luc, XXIV ; Jean, XX, XXI. Ces quatre Evangélistes nous apprennent que notre Seigneur, après sa résurrection, fut dans un état spirituel *avant son ascension dans le ciel*, et que pendant cet état il apparut plusieurs fois à ses disciples, en ouvrant les yeux de leur esprit, et les rendant par là capables de voir sa personne, qui n'était plus alors matérielle comme auparavant. Nous lisons aussi dans les Actes des Apôtres, I, 3, 9, qu'il continua de rester pendant quarante jours dans cette partie du Monde spirituel, qui est entre le ciel et l'enfer, et qu'enfin *il monta vers le ciel*, et entra dans une nuée qui le déroba à leurs yeux.

Apoc. I, 10 ; IV, 1 ; VI, 9 ; VII, 1 ; VIII, 10 ; IX, 1, 2 ; X, 1, 2 ; XI, 12 ; XII, 5 ; XIII, 1, 11 ; XVI, 16 ; XVII, 3 ; XVIII, 1 ; XIX, 17 à 21 ; XX, 1, 2, 3, 7, 8, 9 ; XXI, 10. Dans tous ces passages et dans plusieurs autres du même livre, la doctrine d'un état, ou lieu, ou Monde entre le ciel et l'enfer, est si évidemment établie, qu'aucun doute raisonnable ne peut être élevé à ce sujet. Car l'apôtre Jean déclare d'abord qu'il *était en esprit* ou *dans une vision spirituelle ;* et ensuite, qu'il vit le ciel *au-dessus de lui*, et l'abîme sans fonds *au-dessous de lui :* qu'il vit une étoile *tombant* du ciel, et une fumée s'élevant de l'abîme ; qu'il vit les âmes des martyrs *sous l'autel*, lesquelles n'étaient pas encore élevées dans le ciel, mais devaient rester pendant quelque temps dans le lieu qu'elles occupaient, jusqu'à ce que le nombre de leurs frères fût complet; qu'il vit quatre anges debout aux quatre coins de la terre, et un autre ange ayant le pied droit sur la mer, et le gauche sur la terre, et la main *élevée vers le ciel;* qu'il vit une bête *s'élevant* de la mer, et l'autre de la terre; que le nom d'un des lieux dans le Monde intermédiaire est appelé, en langue hébraïque, *Armageddon*, et est le champ du combat spirituel entre les puissances du ciel *d'en haut*, et les puissances de l'enfer *d'en bas:* qu'il fut porté en esprit dans un autre lieu appelé le Désert, où la femme qui avait accouché d'un enfant mâle, et était poursuivie par le dragon, fut nourrie un temps, des temps, et la moitié d'un temps, hors de la face du serpent; et où aussi il vit une autre femme assise sur une bête couleur d'écarlate, pleine de noms de blasphêmes; qu'il vit un ange *descendant du ciel*, qui ayant la clef de l'abîme sans fin, et une grande chaîne dans sa main, prit le dragon, ce vieux serpent qui est le diable et Satan, l'enchaîna et *le jeta dans l'abîme sans fonds* pour mille ans, après lesquels il devait *sortir de l'enfer*, et venir dans l'état ou lieu intermédiaire, ou Monde des Esprits, où il devait susciter une guerre contre les Saints, assiéger la ville chérie, mais, à la première tentative, devait être dévoré par le feu *descendu du ciel*, et, avec ses partisans, de nouveau *jeté dans l'enfer*, et là tourmenté dans les siècles des siècles. Immédiatement après ces grands événemens, Jean ajoute: que le premier ciel et la première terre, avec la mer, étaient passés; qu'il vit un nouveau ciel et une nouvelle terre; et qu'étant transporté *en esprit* sur une grande et haute montagne, il vit la Sainte Cité, la Nouvelle Jérusalem, *descendant du ciel*, venant de Dieu.

Nous sommes ainsi entrés dans quelques détails pour produire des preuves, d'après l'Ecriture-Sainte, de l'existence d'un état ou lieu entre le ciel et l'enfer, parce que plusieurs se sont imaginé que c'était une pure invention et une fiction sans fondement, controuvée par l'Eglise romaine pour s'attirer de l'argent; ne considérant point qu'une *vérité révélée* est tout autre chose que la *perversion et l'abus* de cette vérité. Nous observerons donc seulement à ce sujet, qu'il est bon de tenir toujours son esprit disposé à la conviction.

XXXIX. *De l'état des Enfans après la Mort.*

L'opinion de plusieurs étant, que les Enfans nés dans l'Église chrétienne et baptisés, sont les seuls sauvés, il est important qu'une doctrine si cruelle, qui condamne à un malheur éternel la plus innocente partie du genre humain, soit effacée du symbole de Foi de toutes les communions, et que la pure vérité, touchant l'état des Enfans après la mort, soit généralement connue. Le Seigneur dit par le Prophète : « Pourquoi vous servez-vous de » Parabole, touchant la terre d'Israël, en disant :

» les pères ont mangé le raisin verd, et *les dents des* » *Enfans en ont été agacées.* Comme je vis, dit le » Seigneur Jéhovah, vous n'userez plus de cette Pa» rabole dans Israël. L'âme qui aura péché mourra : » *le fils ne portera point l'iniquité du père*, et le père » ne portera point l'iniquité du fils : la justice du » juste sera *sur lui*, et l'impiété de l'impie sera *sur* » *lui* ». Ezéchiel, XVIII, 2, 3, 20. Le Seigneur déclare de plus, concernant les petits enfans, et spécialement concernant ceux qui sont représentés par eux, c'est-à-dire, les innocens et les humbles, que « le royaume de Dieu est pour eux. ». Marc, X, 14.

Tous les Enfans qui meurent avant d'avoir acquis l'usage de la raison, et l'exercice du jugement, qu'ils soient nés dans ou hors de l'Eglise, qu'ils aient été ou non baptisés, qu'ils soient nés de parens pieux ou impies, sont acceptés par le Seigneur et reçus dans le Ciel, où ils sont éduqués par des Anges selon l'ordre divin; et après une instruction et un avancement progressif en intelligence et en sagesse, deviennent enfin Anges eux-mêmes. Car comme la mort n'est que la continuation de la vie commencée dans le monde, et que l'homme ne peut rien perdre ni gagner par ce changement de demeure, si ce n'est qu'il laisse de côté son corps matériel et grossier, pour ne le plus reprendre: de même les Enfans en entrant dans l'autre vie sont des Enfans, ayant la même innocence, la même tendresse et la même ignorance; c'est pourquoi, comme de jeunes plantes, ils doivent être introduits par degrés dans la vie céleste. Mais ils ont cet avantage sur les autres qui ont vécu adultes, que, étant dans l'innocence, le mal actuel n'a point pris racine en eux, par le consentement de la volonté et du jugement ; c'est pourquoi ils reçoivent plus aisément l'instruction et le Bien céleste.

Les Enfans aussitôt qu'ils sont ressuscités, ce qui a lieu immédiatement après leur mort, sont admis dans un ciel qui leur est approprié, et confiés d'abord aux soins de femmes anges, qui ont beaucoup aimé les enfans pendant qu'elles étaient dans le monde et qui ont aussi aimé Dieu; elles les reçoivent comme leurs propres enfans, et les enfans à leur tour les aiment comme leur propre mère; chacune d'elles en prend autant que sa tendresse et son inclination le lui suggèrent. Quoique les Enfans, avant leur mort, aient pu n'être pas capables de marcher et de parler, cependant à leur entrée dans le monde spirituel, ils peuvent faire l'un et l'autre quoique imparfaitement, et ils y font bientôt des progrès, et comme leur éducation avance selon la disposition de chacun, qui dans quelques-uns a un caractère spirituel, et dans quelques autres un caractère céleste; leurs progrès intellectuels deviennent sensibles, et toutes les facultés de leur esprit se développent. Quand ils ont passé leur première période, sous la conduite de ces anges tutrices, ils sont transférés dans un autre ciel, où ils sont instruits par des instituteurs angéliques, et font ainsi de nouveaux progrès.

Les Enfans ne restent pas toujours Enfans dans le Ciel, mais ils croissent en stature comme en intelligence et en sagesse, jusqu'à ce qu'ils apparaissent comme adultes, et alors ils sont rangés parmi les anges. Mais il est à remarquer que dans le Ciel les Enfans n'avancent point dans leur forme et apparence externe au-delà de la jeunesse ou de la fleur de leur âge, et qu'ils restent éternellement stationnaires dans ce printemps de la vie. Néanmoins leurs progrès en amour, en sagesse et en intelligence, ne cessent point, et ils sont proportionnés à leur état intérieur d'innocence, qui croît continuellement en degrés, et les couronne d'une immortalité bienheureuse.

On pourrait supposer que les Enfans mourant tels, et parvenant à l'état angélique de perfection, sont purs de tout mal, parce qu'ils n'ont point commis de péchés actuels dans le monde, comme les adultes. Mais cela n'est point ainsi; car ils sont entachés comme les autres de corruptions héréditaires et de perverses inclinations, et s'ils étaient laissés à eux-mêmes, ils se précipiteraient dans les maux de toute espèce. C'est par la divine miséricorde et par la puissance du Seigneur seul que, comme les autres anges, ils sont détenus du mal et gardés dans le bien. Si quelques-uns d'eux perdaient pour un moment de vue leur dépendance du Seigneur, et concevaient de fausses idées de leur propre justice et sincérité, comme s'ils avaient quelque bien par eux-mêmes et non par le Seigneur, ils seraient aussitôt convaincus de leur erreur par l'abandon, pour un temps, à leurs propres maux héréditaires. Par cette expérience, ils verraient et reconnaîtraient qu'ils sont impurs par leur nature, qu'ils ne sont délivrés de l'enfer, que par la divine miséricorde; étant ainsi humiliés à leurs propres yeux, ils seraient de nouveaux reçus dans la société des anges à laquelle ils appartenaient. Il y a de bonnes raisons pour croire, qu'un pareil changement d'état a réellement lieu quelquefois; et il n'est pas douteux que cela ne soit permis dans la vue de leur purification ultérieure, et afin qu'ils puissent être par là rendus capables de parvenir à de plus hauts degrés de perfection angélique.

Il est très-probable que les Enfans qui meurent dans un âge très-tendre, n'ont aucun souvenir du monde dans lequel ils sont nés, et se considèrent comme natifs du Ciel, ignorant toute autre naissance que la spirituelle, et regardant le Seigneur seul comme leur père. En conséquence de leur éducation céleste, et de ce qu'ils ont été exempts de plusieurs affections et pensées grossières, que les autres ont contractées dans le monde naturel, ils doivent être susceptibles de plus tendres impressions d'amour et de charité, que ceux qui sont devenus adultes dans ce monde. Cependant, nonobstant ces avantages particuliers aux Enfans décédés, il est consolant de penser qu'il a été pourvu par l'infinie sagesse et l'infinie bonté, à ce que le sort futur de ceux qui ont vécu plus long-temps dans ce monde puisse être aussi parfait et aussi heureux, si, se dégageant des affections corporelles et terrestres de l'amour de soi et de l'amour du monde, ils deviennent capables de recevoir les affections spirituelles dérivant de l'amour envers le Seigneur et de la charité envers le prochain.

XL. *Des Gentils ou Payens.*

Quiconque croit que « les tendres miséricordes » du Seigneur s'étendent à toutes ses créatures », ne peut douter que les Gentils ou Payens, qui vivent hors du sein de l'Eglise chrétienne et ignorent la Parole et le nom du Seigneur, ne puissent être sauvés aussi bien que ceux qui sont instruits de la divine Révélation.

Les Gentils sont hommes comme ceux qu'on appelle Chrétiens; en effet, ils forment une très-grande partie du genre humain, et il ne peut leur être imputé à crime que les nouvelles de la Rédemption ne sont jamais parvenues à leur connaissance. Ils ont la même capacité que les Chrétiens de comprendre ce qui est vrai et de vouloir ce qui est bon, et conséquemment d'être conjoints avec le ciel. Le Père commun de tous qui leur a donné cette capacité, la leur a donnée pour les rendre heureux éternellement. Il a de plus pourvu, dans sa divine miséricorde, à ce que toutes les nations de la terre, aussi bien les Mahométans et les Payens que ceux qui portent le nom de Chrétiens, fussent en possession de quelque espèce de religion, et qu'ils eussent par conséquent quelque idée d'un Dieu, et des devoirs qu'ils doivent lui rendre pendant leur vie; car c'est ce qui est inculqué par toute religion.

Reconnaître un Dieu et vivre conformément à sa volonté selon les inspirations de la conscience, c'est ce qui introduit le ciel dans l'âme humaine, et par conséquent rend l'homme capable de jouir de la félicité future, quels que soient son nom, son pays et sa croyance. Or il est bien connu que plusieurs d'entre les Payens mènent une vie morale comme les Chrétiens, et qu'il y en a même qui les surpassent en cela. Mais la moralité peut être pratiquée ou pour obtenir l'approbation divine, ou pour obtenir les applaudissemens des hommes. Dans le premier cas, la vie est spirituelle, parce qu'il y a en elle un principe spirituel. Dans le deuxième cas, elle ne l'est pas. Extérieurement ces deux vies paraissent semblables, mais intérieurement et en réalité elles sont très-différentes; l'une servant au salut, et l'autre non. Car celui qui mène une vie morale parce qu'elle est commandée par Dieu et par un religieux respect pour lui, est guidé par une influence céleste et divine; mais celui qui ne le fait que par des considérations humaines, agit par un principe d'amour de soi et d'amour du monde. Cela peut être éclairci par un exemple. Si quelqu'un s'abstient de faire du tort à son prochain, parce que ce serait agir d'une manière contraire à la religion, et conséquemment à la volonté divine, cette résistance au mal est d'origine spirituelle; mais s'il s'en abstient purement par crainte de la loi, de la perte de sa réputation, de son honneur, ou de quelque avantage particulier, cette résistance au mal extérieur étant dictée par des motifs personnels et mondains, n'a rien en soi de la vertu ni de la religion. Il en est de même des autres cas.

D'après ces observations, on peut voir clairement ce qui constitue la vie céleste, et que les hommes de toute religion dans le monde connu peuvent mener cette vie. Car l'Eglise interne ou invisible du Seigneur s'étend universellement, quelque étroites que puissent être les limites de l'Eglise externe ou visible, parce qu'elle comprend tous ceux qui vivent consciencieusement et droitement selon les lumières de leur intelligence et de leur jugement, en quelque lieu qu'ils soient. Mais il faut aussi admettre que le principe céleste n'est pas le même dans l'un que dans l'autre, mais qu'il diffère selon la différence de l'affection que chacun a pour ce qui est bon et vrai. Chez les Chrétiens, qui ont le bonheur de connaître plus directement le vrai Dieu, ce principe peut être plus pur et plus vrai que chez les Payens, qui n'ont point cette connaissance. Néanmoins il y a raison de croire que plusieurs de ces derniers entreront plus aisément par la suite dans le royaume des cieux, que quelques-uns des Chrétiens qui ont été mieux instruits, mais qui, connaissant la volonté de leur maître, ont négligé de la faire. C'est ce qui est ouvertement déclaré par notre Seigneur, dans le passage suivant : « Je vous dis que plusieurs viendront *de l'Orient et* » *de l'Occident*, et seront assis avec Abraham, Isaac » et Jacob dans le *royaume des cieux ;* mais que les » enfans du royaume seront *jetés dehors dans les* » *ténèbres extérieures* ». Matth., VIII, 11, 12 ; Luc, XIII, 28, 29.

Nous pouvons donc conclure avec certitude, que les moyens convenables de salut pourvus par la divine miséricorde et la providence du Seigneur, s'étendent à tous les hommes sans exception ; et conséquemment que tous les hommes, de quelque religion qu'ils soient, Chrétiens, Juifs, Mahométans ou Payens, peuvent être sauvés, s'ils vivent dans l'amour mutuel et la charité par des motifs religieux, selon les connaissances qu'ils ont acquises. Néanmoins il résulte de l'évidence de la divine révélation, que la nouvelle et vraie Religion Chrétienne étant plus immédiatement dérivée de notre Seigneur et Sauveur Jésus-Christ, qui est le seul Dieu du ciel et de la terre, est de toutes les religions la plus capable d'effectuer une conjonction étroite et intime avec lui ; et à cause de cela, doit être regardée comme plus sublime, plus céleste et plus divine que toute autre.

XLI. *De la divine Providence.*

Le gouvernement du Seigneur, dans le ciel et sur la terre, est appelé *Providence ;* et comme tout le bien de l'amour, et tout le vrai de la foi, qui contribuent au salut, ne viennent que de lui, et nullement de l'homme; il suit de là, que la divine Providence du Seigneur entre dans toutes les choses, et dans chacune en particulier qui tendent au salut des hommes. C'est pourquoi il dit : « Je suis *la* » *Voie*, et *la Vérité*, et *la Vie* ». Jean, XIV, 6. « Comme la branche ne peut porter du fruit d'elle- » même, si elle ne demeure sur le cep; de même » vous ne le pouvez, si vous ne demeurez en moi ». Jean, XV, 4, 5.

Plusieurs supposent que la divine Providence est seulement universelle, ou qu'elle ne s'étend qu'aux affaires grandes et générales du monde et des sociétés humaines; et que les circonstances particulières ou de peu d'importance, comme indignes de l'attention de l'Etre Suprême, sont laissées à la prudence et direction de l'homme. Lors donc qu'ils voient les méchans élevés aux honneurs, aux richesses, et autres avantages mondains, préférablement aux bons, ils disent dans leur cœur, que cela n'aurait pas lieu s'il y avait une divine Providence dans toutes les plus petites occurrences de la vie. Mais ces personnes ne considèrent pas que ce qui est universel est composé des choses singulières ou particulières, et que l'admission de l'un comprend nécessairement l'existence des autres; que ce qui paraît un grand et important événement à l'homme, n'est pas tel à la vue de Dieu; mais que toutes les occurrences de la vie, soit que nous les appelions grandes ou petites, sont égales devant lui; qu'il n'y a qu'une source de vie, qui est le Seigneur, de qui nous recevons l'être ou la vie, et tous les pouvoirs et les facultés pour agir; et conséquemment que rien ne peut arriver sans que son œil ne le surveille, sans que sa main ne le dirige.

La divine Providence a pour fin non ce qui est d'une durée transitoire, et cesse d'exister avec la vie de l'homme sur la terre, mais ce qui dure éternellement, et par conséquent est sans fin. On peut dire avec vérité de ce qui n'a point de fin, *qu'il est;* mais que ce qui a une fin, quoiqu'il puisse durer des années et des siècles, comparé à l'éternité, *n'est pas*, et par conséquent peut être considéré *comme rien.* D'après ces considérations, il est évident que les dignités et les richesses mondaines ne sont pas en elles-mêmes des bénédictions divines, quoique l'homme, par le plaisir qu'il y attache, les appelle ainsi, parce qu'elles passent bientôt, qu'elles en séduisent plusieurs, et les détournent du ciel; mais que la vie éternelle et sa félicité, avec toutes les choses qui servent pour y parvenir, sont les vraies bénédictions procédant du Seigneur, selon ce qu'il dit lui-même dans l'Evangile : « Ne vous faites » point *des trésors sur la terre*, où les vers et la » rouille les ronge, et où les voleurs les déterrent » et les dérobent; mais faites-vous *des trésors dans* » *le ciel*, où les vers et la rouille ne les rongent » point, et où les voleurs ne les déterrent pas, et » ne les dérobent pas. Car là où est votre trésor,

» là aussi sera votre cœur ». Matth. VI, 19 et 21.

La raison pour laquelle les méchans réussissent souvent dans leurs entreprises, est que c'est selon l'ordre divin que chacun agisse d'après un principe de rationalité et de liberté. Si donc il n'était pas permis à l'homme d'agir ainsi, et si ses entreprises n'étaient pas quelquefois couronnées du succès, comme s'il était le pur effet de sa propre prudence, il ne pourrait pas être conduit à un état propre à la réception de la vie éternelle ; car elle ne peut lui être communiquée que lorsqu'il est dans la liberté d'agir selon sa volonté, et en même temps dans l'exercice de son entendement.

Quand l'homme est laissé dans sa liberté de penser, de vouloir, et, autant que les lois ne le retiennent pas, de faire le mal, cela est appelé *permission ;* et cette permission est conforme aux lois de l'ordre divin, parce que sans elle il ne pourrait pas être réformé, ni par conséquent être sauvé, tant il est essentiel que l'homme soit maintenu dans un état de liberté. Mais il faut bien observer que la permission du mal, de la part du Seigneur, n'est pas une permission comme de quelqu'un qui *veut le mal*, mais comme de quelqu'un qui *ne le veut pas*, et qui néanmoins ne peut pas l'empêcher, à cause de l'urgence de la fin, qui est le salut de l'homme. C'est pourquoi aussi la divine Providence agit invisiblement, et pour ainsi dire derrière un voile, soit à l'égard des événemens qui semblent être amenés par l'humaine prudence, soit à l'égard de ceux qui prennent l'apparence de contingence, de sort, de fortune, ou de fatalité; car dans chacun de ces cas elle y est intimement présente, et opère selon les divers états et les diverses circonstances des individus, des sociétés et des nations. S'il en était autrement, une foi purement externe, venant du sentiment et de la vue, serait forcée dans l'esprit; la liberté et la volonté seraient contraintes, et ainsi la réformation et le salut de l'homme ne seraient plus possibles pour lui.

De là vient qu'il n'est accordé à personne de voir la divine Providence *en face*, c'est-à-dire avant que l'événement l'ait manifestée, et cela afin que le propre ou la volonté de l'homme n'y intervienne point, et ne trouble l'ordre de sa marche; parce que si cela avait lieu, tous les efforts de la divine miséricorde pour le sauver seraient rendus inefficaces. Mais il est accordé de voir la divine Providence *par derrière*, c'est-à-dire après l'événement: car alors la volonté de l'homme ne peut point déranger l'ordre et la teneur de son cours; mais par l'exercice d'une raison éclairée, il peut discerner les traces les plus évidentes de l'Amour divin et de la Sagesse divine dans une suite merveilleuse de circonstances, qui ont toutes concouru à produire l'événement; et les discernant ainsi, il les reconnaîtra et les confessera avec une vive gratitude et une sainte vénération. Nous pouvons entendre dans ce sens et appliquer les paroles de Jéhovah à Moïse, qui désirait de voir sa gloire: « Tu ne peux pas voir

» *ma face;* car nul homme ne *me verra sans mourir.* Et Jéhovah dit : il y a un lieu où je suis, où » tu te tiendras sur la pierre; et *lorsque ma gloire* » *passera*, je te mettrai dans l'ouverture de la pierre, » et je te couvrirai de ma main, *jusqu'à ce que je* » *sois passé.* Et lorsque j'aurai ôté ma main, tu me » verras *par derrière;* mais *ma face* ne sera point » vue ». Exode, XXXIII, 20 à 23.

Dans le Seigneur, il y a une *Providence* et une *Prévoyance;* car l'une ne peut exister sans l'autre. Le bien est *pourvu*, et le mal est *prévu :* le premier est tout du Seigneur; le dernier est tout de l'homme. Néanmoins, quoique tout mal possible soit prévu, et tout bien possible soit pourvu par le Seigneur, il n'y a point de prédestination absolue, ni d'aveugle et impitoyable fatalité; mais le gouvernement de l'univers, et plus spécialement de l'homme, qui est un gouvernement vraiment paternel, et comprend le ministère des anges et des bons esprits, est conduit avec une justice, une sagesse et un amour infinis.

XLII. *Des Miracles.*

Comme le libre arbitre dans les choses spirituelles est une faculté essentielle et nécessaire dans la réformation, la régénération et le salut de l'homme; et comme la Nouvelle Eglise, signifiée par la Nouvelle Jérusalem, est fondée sur la Parole, maintenant ouverte par le Seigneur, et sera établie sur les principes d'une liberté parfaite et d'une saine rationalité, on ne doit point attendre des Miracles à présent, parce qu'ils tendent à fermer l'esprit contre la perception de la vérité, à forcer l'assentiment sans conviction rationnelle, et à priver l'homme de cette liberté de jugement et de détermination propre, qui lui sont nécessaires pour devenir une image et ressemblance de son Créateur.

Avant la venue et pendant le séjour du Seigneur sur la terre, des Miracles furent faits parmi les Juifs : mais il est évident par toute leur histoire, d'après l'Ancien et le Nouveau-Testament, que l'effet produit sur leur esprit par ces moyens ne fut pas une conviction rationnelle de la divine Vérité, mais une impression purement superficielle, qui les retenait pour un temps par la crainte dans un acquiescement et un aveu externes, que la puissance capable d'opérer de tels prodiges était surnaturelle. Par ce sentiment de crainte, qui stupéfiait plutôt qu'il n'éveillait leurs facultés rationnelles, ils étaient poussés à l'observance des diverses cérémonies particulières à leur religion, surtout au culte de Jéhovah, dont néanmoins ils s'éloignaient continuellement par des actes d'idolâtrie. Quoiqu'ils eussent vu un grand nombre de Miracles en Egypte, et ensuite la Mer-Rouge divisée ; les Egyptiens submergés dans ses eaux ; la colonne de nuée qui marchait devant eux pendant le jour, et la colonne de feu pendant la nuit ; la manne tombant chaque jour du ciel pour leur servir de nourriture, et l'eau sortant d'un rocher aussitôt qu'il fut frappé par la baguette de Moïse ; quoiqu'ils eussent vu le mont Sinaï tout enveloppé de fumée, lorsque Jéhovah y descendit au milieu du feu, des éclairs et des tonnerres, et du son éclatant de la trompette ; et quoiqu'ils eussent entendu la voix de Jéhovah, parlant du haut de la montagne, avec d'autres marques extraordinaires de la présence et de la puissance divine, avec quelle promptitude n'oublièrent-ils pas ces merveilles, et ne s'abandonnèrent-ils pas au culte insensé d'un veau inanimé, ouvrage de leurs propres mains !

La même infidélité et la même dureté de cœur continuèrent chez leurs descendans et se retrouvent dans toutes les périodes de leur histoire. Ainsi, ni les Miracles de leurs prophètes, ni ceux du Seigneur lui-même, lorsqu'il apparut parmi eux, ne purent changer leur caractère, ni leur rien inspirer qui approchât d'une foi pure et vraie. C'est pourquoi il est écrit d'eux que : « Quoique le Seigneur » eût fait devant eux beaucoup de Miracles, cependant ils ne croyaient point en lui ». Jean, XII, 37.

Les Miracles n'ont donc pas le pouvoir, comme plusieurs le croient, de convaincre l'entendement et de produire dans l'esprit une foi rationnelle et saine ; ils ne peuvent même être considérés comme des preuves sûres et suffisantes d'une mission divine. Car, sans parler de plusieurs prophètes, et entre autres de Jean-Baptiste, qui ne firent aucun Miracle, nous lisons que, quand Moïse et Aaron montrèrent devant Pharaon les signes ou preuves de leur autorité, en changeant une verge en serpent, et toutes les eaux de l'Egypte en sang, et en faisant naître des grenouilles dans tout le pays, *les magiciens, avec leurs enchantemens, firent la même chose ;* c'est pourquoi Pharaon endurcit son cœur, et refusa d'obéir aux ordres que Jéhovah les avait chargés de lui transmettre. La conduite de plusieurs aujourd'hui serait, selon toute probabilité, semblable, si des Miracles réellement divins étaient de nouveau opérés : ils les attribueraient à quelque opération incompréhensible de la nature, ou ils les rejeteraient comme fantastiques ou illusoires, et ceux qui les attribueraient à la puissance divine, seraient tournés en dérision ou traités de *simples*.

La raison pour laquelle des Miracles furent opérés parmi les Juifs autrefois, et qu'il n'en est point fait aujourd'hui parmi les Chrétiens, est que les premiers étaient tellement plongés dans les affections naturelles et corporelles, qu'ils étaient incapables de discerner les vérités spirituelles intérieures de la Révélation; et même ces vérités ne pouvaient leur être exposées sans danger de profanation; c'est pourquoi le Seigneur leur parla en paraboles, « afin » que voyant, ils vissent et ne *perçussent point*, et » que entendant, ils entendissent et ne *comprissent* » *point* ». Marc, IV, 12. Au lieu qu'à présent, depuis l'introduction et l'établissement du Christianisme dans le monde, les facultés rationnelles de l'esprit humain sont plus capables qu'auparavant d'être exercées sur des sujets d'une nature divine, spécialement à l'égard du Seigneur, de sa Parole, de l'Église, et d'un état d'immortalité dans une autre vie. Les Miracles donc qui furent opérés parmi les Juifs, ne le furent pas pour former parmi eux *une Église vraiment spirituelle* (car cela ne peut être effectué par des moyens externes), mais pour les forcer à devenir purement *représentatifs d'une Église*; de manière que tous leurs rites, cérémonies et actes du culte public, offrissent des types, figures et représentations de la dispensation chrétienne, de l'opération de la régénération de l'homme, et par-dessus tout de la glorification du Seigneur. Les guérisons miraculeuses, opérées sur le corps des aveugles, des sourds, des estropiés et des malades, furent aussi représentatives des opérations divines sur l'esprit de l'homme, par lesquelles son entendement est éclairé, ses affections purifiées, et sa vie entière renouvelée par le moyen d'une foi vraie et pure, ayant uniquement pour objet le Seigneur dans sa divine Humanité.

Il y a encore une autre raison pour laquelle des Miracles furent opérés autrefois, et qu'il n'en est plus fait dans ces derniers temps; c'est que l'Ecriture-Sainte devait être écrite et complétée pendant que l'Eglise représentative était dans un état favorable pour sa dictée dans les derniers degrés, ou dans le sens littéral; car ses divines vérités n'auraient pu être concentrées dans la forme littérale et la base dans laquelle nous les voyons maintenant, et conséquemment n'auraient pu être accomodées à la capacité de l'homme dans tous les âges futurs, sans une suite de Miracles opérés, et consignés par écrit. Il suit de là, que ce fut principalement à cause de la Parole, qui est le moyen d'union entre le Ciel et l'Eglise, et pour manifester la toute puissance du Seigneur dans les choses naturelles comme dans les spirituelles, que les Miracles extraordinaires qui y sont rapportés, ont été réellement opérés. Mais ces Miracles ayant été faits devant des hommes, chez lesquels les internes de l'esprit étaient fermés, et qui par conséquent ne pouvaient pas recevoir de dommage spirituel à la vue de la manifestation d'une puissance surnaturelle, les livres révélés furent écrits sous la forme d'histoire, de prophétie et d'évangile, à des époques différentes, et enfin complétés, leur sens littéral correspondant parfaitement au sens intérieur spirituel.

Ainsi désormais il ne sera plus besoin de Miracles dans l'Eglise; mais ils seront remplacés par l'ouverture des yeux de l'esprit, par le renouvellement du cœur et des affections, par une vie conforme aux saints et divins préceptes de la Parole, et par la descente de la Nouvelle Jérusalem du ciel sur la terre. De pareils effets, en quelque endroit et chez quelque personne qu'ils aient lieu, sont vraiment miraculeux, parce qu'ils sont surnaturels, et annoncent évidemment la puissance divine, qui seule est capable de les produire.

XLIII. *Des Lois de l'Ordre divin, d'après lesquelles toutes les Opérations divines sont conduites.*

Rien n'est plus important pour l'homme que de connaître, que toutes les Opérations divines envers lui sont soumises à des Lois qui ne peuvent jamais être transgressées. Car autrement il pourrait s'imaginer que la miséricorde divine étant infinie, et la puissance divine étant illimitée, tout ce que l'Être-Suprême peut vouloir, sa toute-puissance peut l'effectuer, sans aucun égard à la convenance et à la non convenance du sujet en qui ou envers qui il les exerce. Et de là plusieurs ont conclu que, comme son amour veut le salut de toutes ses créatures, et comme sa sagesse connaît les moyens de l'opérer , sa toute-puissance est engagée à accomplir l'œuvre, sinon dans un temps au moins dans un autre ; sinon dans cette vie, au moins dans quelque époque de la vie future, où le mal même sera aboli, et tout être intelligent deviendra complétement heureux.

Il y en a d'autres qui, croyant aussi que Dieu est tout-puissant, selon la notion vulgaire de la toute-puissance, mais qui lisant dans l'Écriture-Sainte, qu'un petit nombre d'hommes appelés Élus seront sauvés, et les autres totalement perdus, concluent dans leur esprit, et même soutiennent dans leur doctrine, que les premiers sont prédestinés au Ciel, tandis que les derniers, qui composent la plus grande majorité du genre humain, sont condamnés à une damnation éternelle, sans espoir ni moyens de rédemption.

Il y a encore une opinion dominante, non-seulement parmi les simples et les illétrés, mais même parmi les savans et les sages, si l'on peut appeler tels ceux qui ne connaissent rien des Lois de l'Ordre divin; c'est que Dieu, étant tout-puissant, a créé le monde de rien, simplement en prononçant une parole; qu'il le gouverne d'une manière arbitraire, par un pouvoir ressemblant au pouvoir absolu d'un monarque de la terre; que s'il lui plaît il peut en tout temps changer les qualités et les penchans respectifs de ses créatures; qu'il peut purifier de ses péchés tout pécheur sur la terre en un moment; qu'il peut le renouveler, le sanctifier, le régénérer, et le faire enfant de grâce au lieu d'enfant de colère, c'est-à-dire, le justifier simplement par l'application et l'imputation de la justice et des mérites de son Fils. En un mot, on croit presque universellement que la toute-puissance divine n'est réglée par aucune Loi quelconque; mais qu'elle peut faire toute chose, quelque absurde ou contradictoire qu'elle soit en elle-même; conséquemment que le salut peut être effectué de la part de Dieu, sans aucun égard à la liberté et à la rationalité de l'homme, ni à la nécessité de sa coopération, en s'appropriant les principes de vie spirituelle, qui, lorsqu'ils sont ainsi reçus, peuvent seuls le préparer pour un état de félicité future.

Mais toutes ces opinions sans fondement s'évanourissent de l'esprit quand on sait que, toutes les Opérations divines envers l'homme sont conduites par les Lois de l'Ordre, qui sont immuables en elles-mêmes, parce qu'elles sont de la même essence que celui de qui elles procèdent. Ces Lois sont les divines vérités de la Sainte Parole, qui ensemble constituent cet Ordre; par lesquelles l'homme doit être formé de nouveau, et dont la toute-puissance elle-même ne peut pas s'écarter. La toute-puissance, bien loin d'agir d'une manière contraire à la Parole ou indépendamment d'elle, se conduit uniformément par et selon ses Lois; et c'est cela même qui fait qu'elle est ce qu'elle est réellement. La raison pour laquelle les anges du Ciel surpassent extrêmement en puissance les esprits de l'Enfer, est qu'ils agissent conformément à l'Ordre, tandis que les infernaux lui sont opposés; et tels sont leur amour de l'Ordre et leur soumission à l'Ordre, telle est invariablement leur puissance. S'ils s'éloignaient de l'Ordre, leur puissance s'éloignerait d'eux en même temps. De même Dieu étant l'Ordre infini et essentiel, a par conséquent une puissance infinie et essentielle; s'il s'éloignait en quelque manière que ce soit de son Ordre, il perdrait immédiatement sa toute-puissance. Mais comme s'éloigner de l'Ordre, de la part de Dieu, serait la même chose que s'éloigner de lui-même, il est évident que la toute-puissance divine ne peut rien faire qui ne soit conforme aux Lois de l'Ordre, et que toute supposition du contraire est déraisonnable et absurde.

Toute chose dans la nature a été créée selon son ordre propre, et elle est formée sur un principe tel qu'elle s'unit avec l'ordre commun de l'Univers. Par exemple, l'homme fut créé selon son ordre, et chaque partie de l'homme également selon son ordre, telles que la tête, le corps, le cœur, les poumons, l'estomac et les autres viscères; tout organe du mouvement, muscle, fibre, vaisseau; tout organe des sens, l'œil, l'oreille, la langue, etc.; chacune de ses parties est tellement conjointe et enchaînée à l'ordre général des autres, que toutes ensemble elles constituent un seul système humain. Il en est de même dans les animaux, dans tout quadrupède, oiseau, poisson, ver, reptile, même dans le plus petit insecte; lesquels furent aussi créés chacun selon son ordre. Il en est encore de même dans tout arbre, arbrisseau, herbe et autres plantes; et enfin dans toute pierre, dans tout minéral, même jusque dans le plus petit grain de sable, et dans toute goutte d'eau, lesquels furent créés et subsistent encore selon l'ordre qui fut originairement inscrit dans chacun d'eux.

Or dans les divers exemples que nous venons de rapporter, il est aisé de voir que la perfection de la créature dépend de la conservation de son ordre. L'homme spécialement serait encore dans cet état de perfection, s'il fût resté dans l'ordre de sa création, à l'égard de l'exercice des facultés qui lui furent accordées. Néanmoins tel qu'il est, même à présent, sa perfection et son pouvoir dépendent entièrement de lui, et cela en agissant selon les principes de l'ordre dans lequel il fut d'abord créé, et dans lequel il peut en grande partie être rétabli, par l'usage des moyens pourvus à cette intention par la divine Providence.

Puis donc que tel est le cas de tous les sujets naturels de la création, et en particulier de l'homme, dont les facultés de l'esprit et du corps peuvent être élevées à leur plus haut degré de perfection, seulement par son retour et sa persévérance dans l'Ordre propre de sa vie; combien plus justement et plus véritablement peut-on dire de celui qui est l'Ordre même, que sa toute-puissance vient de son invariable observance des lois divines que ses infinies perfections ont prescrites? Car la volonté divine et la puissance divine sont un : et comme Dieu ne veut rien que ce qui est bon, il s'ensuit qu'il ne peut rien faire que ce qui est bon, et cela de la manière dictée par son infinie Sagesse dans sa sainte Parole. Il ne peut se venger, il ne peut être en colère, ni punir; il ne peut pas même détourner sa face de qui que ce soit, ou le regarder avec un air de sévérité : ces actes et autres semblables étant totalement contraires à son essence, et conséquemment contraires à lui-même. Partout donc où des expressions pareilles se trouvent dans l'Ecriture-Sainte, elles doivent être interprétées comme se rapportant uniquement à la méchanceté de l'homme, qui juge du Seigneur selon le mauvais état de son esprit. Or comme il semble aux méchans, quand ils éprouvent le châ-

timent dû à leurs crimes, qu'il leur est infligé par le Seigneur, parce qu'il ne les en délivre pas immédiatement; d'après cette apparence, la colère, l'emportement et la fureur, lui sont fréquemment attribués dans la Parole, quoique néanmoins, ainsi qu'il a été observé, rien ne puisse en réalité être plus étranger à la nature divine; puisque, comme dit le Psalmiste : « Jéhovah est bon envers *tous ;*
» et ses tendres miséricordes sont *sur toutes ses œu-*
» *vres* ». Ps. CXIV, 9.

D'un autre côté, il est également vrai que Dieu ne peut, par un pur acte de miséricorde et de toute-puissance, changer le méchant en bon, l'enfer en ciel, le diable en ange, ni le pécheur impénitent, qui refuse obstinément les moyens de salut, en héritier de la vie éternelle. Ces choses ne sont point dans les limites de l'Ordre divin, et par conséquent ne peuvent pas être faites par quelque acte souverain ou absolu de la Toute-Puissance elle-même. La seule voie, comme il a déjà été dit, par laquelle les Opérations divines puissent changer l'homme, est celle exposée dans la sainte Parole, qui est que l'homme se laisse conduire dans l'Ordre, et qu'il tâche, pour sa part, d'entrer en conjonction avec le Seigneur, pendant que le Seigneur, de son côté, entre en conjonction avec lui, selon ses propres paroles dans l'Evangile : « Demeurez en moi, et moi en vous ». Jean XV, 4.

XLIV. *De la Science divine des Correspondances, selon lesquelles l'Ecriture-Sainte est écrite d'un bout à l'autre.*

C'est une chose généralement reconnue, que la Parole est sainte, parce que Jéhovah le Seigneur l'a dictée : mais comme sa sainteté ne se montre pas partout dans le sens littéral, ceux qui une fois commencent à douter de sa sainteté à cause de cela, se confirment ensuite dans leurs doutes par plusieurs passages qu'ils rencontrent, disant en eux-mêmes : cela peut-il être saint? cela peut-il être divin? Or pour prévenir l'influence de pareils doutes dans les esprits, de peur qu'ils ne deviennent généraux, et que la Parole de Dieu ne soit rejetée comme un écrit commun et trivial, et que par là la conjonction du Seigneur avec l'homme ne soit rompue, il a plu au Seigneur, dans le temps présent, de révéler son sens spirituel, afin de découvrir aux hommes où sa sainteté est cachée. Mais cela peut être éclairci par des exemples.

Dans la Parole il est souvent fait mention de l'Egypte, de l'Assyrie, d'Edom, de Moab, des enfans d'Ammon, des Philistins, de Tyr et de Sidon, et de Gog. Or ceux qui ne savent pas que ces noms signifient les choses du Ciel et de l'Eglise, peuvent aisément être portés à penser que la Parole traite beaucoup des peuples et des nations, et bien peu du Ciel et de l'Eglise, conséquemment beaucoup des choses terrestres, et bien peu des célestes : au lieu que si ces personnes savaient ce qui est signifié par ces peuples et ces nations ou par leurs noms, elles penseraient tout autrement. De même lorsqu'on observe que dans la Parole il est souvent fait mention de jardins, de forêts, de bois, d'arbres, tels que oliviers, vignes, cèdres, peupliers, chênes; et aussi d'agneaux, de brebis, de beliers, de veaux, de bœufs; de montagnes, de collines, de vallées; de fontaines, de rivières, d'eaux et autres; celui qui ne connaît rien du sens spirituel de la Parole doit nécessairement être porté à supposer que ces choses ne signifient rien autre que ce qui est exprimé dans le sens littéral : car il ne pense pas que le jardin, la forêt et le bois, signifient l'Intelligence, la Sagesse et la Science; que l'olivier, la vigne, le cèdre, le peuplier et le chêne, signifient le Bien et le Vrai de l'Eglise, sous les différens caractères de céleste, spirituel, rationnel, naturel et sensuel; que l'agneau, la brebis, le belier, le veau et le bœuf, signifient l'Innocence, la Charité, et l'Affection naturelle de différens degrés; que les montagnes, les collines et les vallées, signifient les choses les plus élevées, les moins élevées et les plus basses qui se rapportent à l'Eglise; que l'Egypte signifie ce qui est scientifique; l'Assyrie, ce qui est rationnel; Edom, ce qui est naturel; Moab, l'adultération du Bien; les enfans d'Ammon, la falsification du Vrai; les Philistins, la Foi sans Charité; Tyr et Sidon, les connaissances du Bien et du Vrai; Gog, le Culte externe sans l'interne ; en général que Jacob signifie l'Eglise naturelle ; Israël, l'Eglise spirituelle ; Juda, l'Eglise céleste. Lorsque l'esprit est ouvert à cette connaissance, il est capable de concevoir que la Parole ne traite que des choses célestes, et que les choses terrestres dont il y est fait mention, ne sont que les sujets qui contiennent et représentent ces choses célestes.

Telle est la nature des Correspondances, selon lesquelles l'Ecriture-Sainte a été écrite, et par la connaissance desquelles seulement elle peut être entendue quant à son sens interne réel. Cette science est fort peu connue aujourd'hui, quoiqu'elle fût très-familière aux hommes des premiers temps, qui la regardaient comme la science des sciences; et elle était si généralement cultivée, que tous leurs livres et traités étaient écrits par Correspondances. Le livre de Job, qui était un livre de l'ancienne Eglise, est plein de Correspondances. Les hiéroglyphes des Egyptiens, et les histoires fabuleuses de l'antiquité, furent fondées sur la même science, après qu'elle eut commencé à décliner. Les poètes de la Grèce, dans les écrits desquels on en trouve encore des traces, la défigurèrent par leurs fictions mythologiques, et consignèrent ainsi à un long oubli une science qu'ils n'avaient pas bien connue.

Toutes les anciennes Eglises furent des Eglises représentatives des choses spirituelles : leurs cérémonies, et même leurs statuts, qui étaient des règlemens pour l'institution de leur culte, consistaient en pures Correspondances. De même dans l'Eglise Israélitique, les holocaustes, les sacrifices, les offrandes, avec toutes les particularités qui y étaient relatives; le tabernacle, avec toutes les choses qu'il renfermait; les fêtes, telles que celles des pains sans levain, celle des tabernacles et celle des prémices; le sacerdoce d'Aaron et des Lévites, et leurs habits; toutes ces choses étaient des Correspondances. Or comme les choses divines fixent sur les Correspondances leur existence dans la nature extérieure, la Parole fut écrite par pures Correspondances; et pour la même raison le Seigneur, parlant par sa Divinité, parla par correspondances. Car tout ce qui procède de la Divinité, lorsqu'il vient dans la nature extérieure, se manifeste dans les choses extérieures qui correspondent à ce qui est divin; ces choses extérieures deviennent alors les contenans des choses divines, autrement appelées célestes et spirituelles, qui y sont renfermées d'une manière céleste et mystérieuse.

Les anciens, qui étaient versés dans la science des Correspondances, se faisaient des images qui correspondaient aux choses célestes; et ils se plaisaient beaucoup dans ces représentations, à cause de leur signification, et parce qu'ils pouvaient y discerner ce qui avait rapport au Ciel et à l'Eglise. C'est pourquoi ils plaçaient ces images dans leurs temples et dans leurs maisons, non dans l'intention de leur rendre un culte, mais afin qu'elles servissent comme de moyens pour se rappeler les choses célestes signifiées par elles. Ainsi en Egypte et en d'autres pays, ils faisaient des images de veaux, de bœufs, de serpens, d'enfans, de vieillards et de vierges; parce que les veaux et les bœufs signifiaient les affections et les forces de l'homme naturel; les serpens, la prudence et aussi la ruse de l'homme sensuel; les enfans, l'innocence et la charité; les vieillards, la sagesse, et les vierges, les affections de la vérité. Dans la suite, lorsque la science des Correspondances fut perdue, les hommes commencèrent à adorer comme saintes ces images et peintures placées par leurs pères, et à leur rendre un culte, parce qu'ils les trouvaient dans et aux environs de leurs temples. Ce fut là l'origine de l'idolâtrie des anciens Gentils; et lorsque cette idolâtrie devint universelle, les Israélites furent suscités, et reçurent ordre de détruire toutes les peintures et images qu'ils trouveraient dans la terre de Canaan, et d'abattre tous les hauts lieux où était établi le culte idolâtre.

La science des Correspondances continua d'être connue chez plusieurs nations orientales jusqu'à la venue du Seigneur, comme il est évident par ce qui est dit des mages de l'Orient qui vinrent visiter le Seigneur à sa naissance. Une étoile (qui est appelée *son étoile*) allait devant eux, et les conduisit à la maison où était l'enfant : là ouvrant leurs trésors, ils lui offrirent en présens de l'or, de l'encens et de la myrrhe. Matth., II, 1, 2, 9, 10, 11. Par l'étoile qui allait devant eux est signifiée la connaissance qui vient du ciel; par les présens offerts à l'Enfant est signifié le culte qui lui est rendu comme Dieu Incarné; par l'or, le bien céleste; par l'encens, le bien spirituel; et par la myrrhe, le bien naturel: car ces trois espèces ou degrés de bien, sont les trois constituans de tout vrai culte.

Néanmoins la science des Correspondances était inconnue aux Israélites et aux Juifs, quoique toutes les parties de leur culte, tous les statuts et les rites qui leur furent donnés par Moïse, et toutes les choses contenues dans la Parole, fussent des Correspondances. La raison de cette ignorance est, qu'ils étaient idolâtres dans leur cœur, et conséquemment d'une nature et d'une disposition telles qu'ils ne voulaient point reconnaître, qu'il y eût dans leur culte quelque signification spirituelle et céleste. Si donc cela leur eût été révélé, non-seulement ils l'auraient rejeté, mais aussi ils l'auraient profané. Que tel fut le cas de cette nation, c'est ce qui est évident par cette circonstance, qu'ils rejetèrent le Seigneur lui-même, parce qu'il les instruisait d'un royaume céleste, et non de quelque royaume terrestre; car ils attendaient un Messie qui les élevât au-dessus de toutes les autres nations du monde, et non un Messie qui s'occupât seulement de leur salut éternel.

La raison pour laquelle la science des Correspondances, qui est la vraie clef du sens spirituel de la Parole, et a été perdue pendant plusieurs siècles, est révélée aujourd'hui, est que les divines vérités de l'Eglise sont à présent manifestées; or ces vérités constituent le sens spirituel de la Parole. La même chose est signifiée par ces passages où il est dit que Jean vit le ciel ouvert, et un cheval blanc; qu'il vit et entendit un ange qui était dans le soleil, appelant tous les peuples au souper du grand Dieu. Apocal., XIX, 11, 17. Mais que cela ne serait pas reconnu pendant quelque temps; c'est ce qui est signifié par la bête et les rois de la terre faisant la guerre contre celui qui était assis sur le cheval blanc, et contre son armée. Apocal., XIX, 19; et aussi par le dragon poursuivant la femme qui avait accouché d'un enfant mâle, et jetant de sa gueule après elle de l'eau comme un fleuve, pour l'entraîner dans ce fleuve. Apocal. XII, 13 à 17.

XLV. *Du Jugement dernier; du second Avénement du Seigneur; et de la Nouvelle Jérusalem.*

On a cru généralement jusqu'à présent, touchant le Jugement dernier, que le Seigneur apparaîtrait alors en personne dans les nuées du ciel, avec puissance et grande gloire, accompagné d'armées innombrables d'anges; qu'il ressusciterait de leurs tombeaux tous ceux qui avaient vécu depuis la création du monde; qu'il revêtirait leur âme de leurs anciens corps; et que lorsqu'ils seraient tous assemblés, il prononcerait leur jugement, envoyant les bons dans la vie éternelle ou le Ciel, et condamnant les méchans à la mort éternelle ou à l'Enfer. On a aussi supposé, que le ciel visible et la terre seraient en même temps détruits, et qu'un nouveau ciel et une nouvelle terre seraient créés à leur place. Ces notions erronées sont nées dans l'Église, d'une fausse interprétation du sens littéral de la Parole, et de l'ignorance totale de l'existence d'un sens spirituel, lequel est enfin révélé pour l'usage de la Nouvelle Jérusalem. Par ce sens nous apprenons, que la venue du Seigneur dans les nuées du ciel, signifie, non son apparition personnelle dans les airs, mais sa présence dans le Vrai divin de la Parole, qui est lui-même. Les nuées du ciel dans lesquelles il doit venir, sont le sens littéral de la Parole, qui obscurcit beaucoup son sens spirituel, précisément comme une nuée obscurcit la lumière directe du soleil; la puissance et la gloire sont son sens spirituel; les anges signifient le ciel; et il est dit qu'ils accompagnent le Seigneur, parce que là où il est, là est le ciel. Le nouveau ciel et la nouvelle terre, signifient une nouvelle Eglise et dans le ciel et sur la terre.

On croit dans la nouvelle Eglise que le Jugement dernier, prédit par le Seigneur dans les Évangiles, a déjà eu lieu réellement dans le monde spirituel; cette croyance est fondée, non pas simplement sur les assertions d'un très-illustre auteur, qui déclare en avoir été lui-même un témoin oculaire, mais encore sur diverses cirsconstances extraordinaires qui ont rapport à l'état présent de la société dans le monde naturel, et sur la manifestation positive d'une nouvelle dispensation de la miséricorde divine parmi les hommes; tout cela peut bien être considéré comme le témoignage et la preuve de l'accomplissement du Jugement dernier, et du second avénement du Seigneur.

Sans parler des grands changemens ecclésiastiques et politiques, qui ont eu lieu dans ces derniers temps parmi les nations chrétiennes, considérons seulement le nouvel état de liberté spirituelle ou religieuse qui s'est établi au milieu de ces changemens, et nous serons convaincus de la réalité des faits ici énoncés. Mais outre ces raisons pour croire que le Jugement dont il est parlé dans la Parole est déjà accompli, il y en a d'autres d'un grand poids, équivalentes à peu près à une preuve démonstrative. Lorsqu'il est fait mention dans la Parole du dernier Jugement, il est généralement représenté comme un événement qui doit être suivi d'un degré extraordinaire d'illumination et de connaissance des choses divines, introduit dans l'esprit humain par le moyen d'une nouvelle révélation. Ainsi la venue du Fils de l'Homme est comparée *à l'éclair brillant de l'Orient.* Matth., XXIV, 27. Après le jugement de la grande prostituée, Jean dit : « Je vis *le ciel ouvert* » et un cheval blanc, et celui qui était assis sur lui » était appelé la Parole de Dieu ». Apocal. XIX, 11, 13; faisant évidemment allusion à l'intelligence du sens spirituel de l'Écriture-Sainte, qui devait avoir lieu après le Jugement. La même chose est encore décrite dans le chapitre XXI, par le nouveau ciel et la nouvelle terre, et par la Sainte Cité, la

Nouvelle Jérusalem descendant du ciel venant de Dieu; événement qui, étant maintenant accompli, est une preuve certaine que le dernier Jugement, selon l'Écriture, a déjà été consommé, l'un étant la conséquence nécessaire de l'autre.

Nous apprenons par la Parole, que divers jugemens universels ont eu lieu avant celui dont il est question maintenant, et qui a été accompli dans le monde spirituel dans l'année 1757. Le premier fut le Jugement dernier de la *très-ancienne Eglise*, lorsque toute charité et toute foi avaient disparu, et qui est décrit dans la Genèse par le Déluge. Alors, selon le langage de la Parole, le ciel et la terre passèrent; en d'autres mots, les internes et les externes de l'Église périrent, et un nouveau ciel et une nouvelle terre furent créés, c'est-à-dire, une nouvelle Eglise, laquelle succéda à la première, et peut être appelée l'*ancienne Eglise*. Le Jugement dernier de cette seconde Eglise générale, qui comprenait plusieurs Eglises particulières, eut lieu lorsqu'elle fut parvenue à sa consommation par plusieurs idolâtries, auxquelles elle donna naissance. Immédiatement après celle-ci, *le Représentatif d'une Eglise* fut établi parmi les descendans de Jacob : le dernier Jugement de ceux-ci et du reste des Eglises précédentes, eut lieu au temps de la venue du Seigneur dans le monde. Le prophète Isaïe parle de ce Jugement, qui devait être accompli par le Seigneur, dans les termes suivans : « Qui est celui » qui vient d'Edom, avec des vêtemens teints de

» Bosra; marchant dans la grandeur de sa force?
» C'est moi, qui parle dans la justice, puissant pour
» sauver. J'ai foulé seul le pressoir; je les foulerai
» dans ma colère; je les foulerai aux pieds dans ma
» fureur, et leur sang sera répandu sur mes vête-
» mens, et j'en souillerai tout mon habillement.
» Car le jour de la vengeance est dans mon cœur,
» l'année de mes rachetés, est venue ». Isaïe, LXIII,
1, 3, 4. De là il est évident que le Jugement et la
Rédemption commencent en même temps.

Le Seigneur dit lui-même, lorsqu'il accomplissait les anciennes prophéties et qu'il opérait le Jugement : « C'est maintenant *le Jugement* de ce » monde; maintenant le Prince de ce monde va » être jeté dehors ». Jean, XII, 31. « Je suis venu » dans le monde *pour le Jugement* ». Jean, IX, 39. » En vérité, en vérité, je vous le dis : l'heure vient » et *elle est venue*, où les morts entendront la voix » du Fils de Dieu; et ceux qui l'entendront vivront. » Car, comme le Père a la vie en lui-même, il a » aussi donné au Fils d'avoir la vie en lui-même; » et il lui a donné la puissance pour *accomplir le* » *Jugement*, parce qu'il est le Fils de l'Homme ». Jean, V, 25, 26. « Ayez confiance, *J'ai vaincu le* » *monde*. Jean, XVI, 33.

Par ces passages et d'autres semblables, il est évident, qu'il n'est point parlé, dans l'Ecriture-Sainte, d'un jour de Jugement, comme d'un événement qui eût eu lieu précédemment, ou comme décisif du sort de tout individu de la race humaine : car nous voyons que le Seigneur, lorsqu'il était sur la terre, exerça réellement un Jugement, non sur tous les hommes, mais seulement sur un certain nombre de ceux qui étaient décédés, et conséquemment dans le monde spirituel.

Que la terre ne devait pas être détruite au temps du dernier Jugement, c'est ce qui est évident par les paroles du Seigneur : « Je vous le dis, en cette » nuit deux hommes seront dans le même lit ; » l'un sera pris, et *l'autre sera laissé*. Deux femmes » moudront ensemble ; l'une sera prise, et *l'autre* » *sera laissée*. Deux hommes seront dans un champ » l'un sera pris, et *l'autre sera laissé* ». Luc, XVII, 34, 35. Ici le dernier temps de l'Eglise est appelé la nuit, parce qu'il n'y a point alors de foi pure ou de vérité, à cause qu'il n'y a point de vraie charité spirituelle : mais que le monde ne serait pas alors détruit, cela est démontré parce qu'il est dit que quelques-uns seraient laissés, tandis que les autres seraient pris.

Ces considérations prouvent suffisamment, que la Doctrine de la nouvelle Eglise, touchant le Jugement dernier et le second avénement du Seigneur, s'accorde parfaitement avec la Parole de Dieu ; au lieu que tous les systèmes, qui supposent la destruction de l'Univers comme une conséquence nécessaire de cet événement, ne peuvent être considérés que comme de vaines rêveries et des chimères affreuses.

La fin de la création est la formation d'un ciel

angélique, composé d'individus du genre humain ; qui, comme image du Créateur, a quelque rapport à son infinité, à son immensité, et à son éternité. Mais ce rapport à l'infinité, à l'immensité et à l'éternité cesserait, si la terre était détruite au jour du Jugement : car alors la procréation des enfans finissant, l'étendue du ciel serait limitée, ainsi que le nombre de ses habitans. Il est donc raisonnable de penser, que comme l'esprit humain, qui est un ciel en petit, accroît en perfection selon la pluralité de ses connaissances, de même le ciel angélique avancera en perfection, et ainsi ressemblera de plus en plus à son Créateur, selon le nombre toujours croissant de ses habitans. Il suit de là, que la doctrine qui attribue à l'Être Divin une fin digne de lui dans la création du monde, en perpétuant les générations du genre humain, doit être la plus raisonnable et la plus conforme à la divine Révélation, bien entendue.

Il est prédit clairement dans la Parole, surtout dans les Evangiles et dans l'Apocalypse, qu'un autre Jugement devait avoir lieu, après celui qui fut opéré par le Seigneur pendant qu'il était sur la terre ; et que ce Jugement, avec le second avénement du Seigneur, devait former le premier pas à l'introduction d'une nouvelle dispensation. Dans le vingt-quatrième chapitre de l'Evangile selon Matthieu, le Seigneur décrit les déclins successifs de l'Eglise chrétienne, jusqu'à sa dernière période ou consommation. Il prédit alors qu'il viendrait de nouveau dans les nuées du ciel comme *Fils de l'Homme ;* ce qui signifie, ainsi qu'il a été dit déjà, qu'il apparaîtra comme divin Vrai, et rendra sa Parole compréhensible et intelligible à l'esprit humain. Mais dans l'Apocalypse l'état final de l'Eglise est plus particulièrement décrit avec le Jugement qu'elle devait subir, et le commencement d'une nouvelle Eglise, sous le nom et le caractère de Nouvelle Jérusalem. Cette nouvelle Eglise est décrite dans le chapitre XXI, v, 10 à 24, comme une grande et sainte ville, descendant de Dieu à travers le ciel, dont la longeur, la largeur et la hauteur sont égales ; ayant une muraille de jaspe, grande et élevée, avec douze fondemens ornés de toutes sortes de pierres précieuses ; douze portes de perles avec douze anges, un à chaque porte ; les rues de la ville et la ville elle-même d'or pur, quoique transparent comme le cristal ; sans autre temple que le Seigneur Dieu Tout-Puissant et l'Agneau ; et n'ayant besoin ni du soleil ni de la lune pour l'éclairer, parce que la gloire de Dieu l'éclaire, et que l'Agneau est sa lumière.

Par toutes ces particularités et autres relatives à la ville appelée Nouvelle Jérusalem, nous devons entendre la doctrine de la nouvelle Eglise, que le Seigneur établit à présent sur la terre. Il est dit que la ville descend de Dieu à travers le ciel, pour signifier que la doctrine de la nouvelle Eglise vient entièrement du Seigneur et de sa Parole, par une nouvelle révélation faite par lui-même. Sa longueur, sa largeur et sa hauteur, qui sont égales, signifient que tous les biens et toutes les vérités de cette doctrine sont inséparablement unis. La muraille de la ville signifie les vérités externes qui défendent et assurent cette doctrine. La mesure de la muraille, qui est de cent quarante-quatre coudées, mesure de l'homme et de l'ange, signifie toutes ces vérités en général, avec leurs natures et qualités particulières. Les douze fondemens de la muraille, ornés de pierres précieuses, signifient toutes les connaissances sur lesquelles est fondée la doctrine céleste. Les douze tribus d'Israël, et les douze apôtres de l'Agneau, signifient toutes les choses en général et en particulier qui se rapportent aux biens et aux vérités de l'Eglise, et à sa doctrine. Les douze portes de perles, signifient toutes les vérités servant d'introduction, lesquelles sont aussi signifiées par les douze anges des portes. L'or pur, transparent comme le cristal, signifie le bien de l'amour, qui donne la clarté et la transparence à la doctrine et à ses vérités. Les nations qui sont sauvées, et les rois de la terre qui apportent leur gloire et leur honneur dans la ville, signifient tous les membres de l'Eglise qui seront sous l'influence du Bien et du Vrai. Il est dit, que Jean ne vit point de temple dans la ville; ce qui signifie que dans la nouvelle Eglise il n'y aura pas de culte externe séparé de l'interne, parce que le Seigneur seul sera approché, reconnu et adoré dans sa Divine Humanité, qui, dans le sens suprême, est signifié par le temple. Il est dit aussi, que la ville n'a pas besoin du soleil ni de la lune pour l'éclairer, parce que la gloire de Dieu l'éclaire, et que l'Agneau est la lumière ; ce qui signifie que la nouvelle Eglise ne sera point sous la domination de l'amour de soi et de la propre intelligence, ni par conséquent sous l'influence de la lumière purement naturelle ; mais qu'elle sera guidée en toutes choses par la lumière du divin Vrai procédant du Seigneur, qui, quant à sa Divinité essentielle, est appelé Dieu, et quant à sa divine Humanité, est appelé l'Agneau.

La nouvelle Eglise ou la Nouvelle Jérusalem est encore représentée, dans le même chapitre, sous une idée plus intérieure, par l'Epouse et la Femme de l'Agneau ; étant appelée Epouse par rapport à son état de préparation pour recevoir le Seigneur, et Femme par rapport à sa conjonction actuelle avec lui. Que cette Eglise sera établie sur la terre, et qu'elle sera en temps convenable la couronne et la gloire de toutes les Eglises qui ont existé jusqu'à présent, depuis la création du monde, c'est ce dont on ne peut pas douter un moment, parce que l'Ecriture-Sainte l'indique continuellement depuis le commencement jusqu'à la fin, et le présente comme le complément de toutes les prophéties. Son commencement est annoncé par Daniel, dans ce passage : « Dans les jours de ces rois, le Dieu des cieux
» *suscitera un royaume qui ne sera jamais détruit :*
» ce royaume ne passera point à un autre peuple ;
» mais il brisera et consumera tous ces royaumes,

» et *il subsistera éternellement.* » Daniel, II, 44.
« Je regardais dans les visions de la nuit, et je vis » comme *le Fils de l'homme qui venait dans les* » *nuées des cieux*, et qui s'avança jusqu'à l'ancien » des jours ; et ils le firent approcher de lui. Et il » lui donna la puissance, et la gloire et le royaume ; » afin que tous les peuples, toutes les nations et les » langues le servent. Sa puissance est une puissance » éternelle, qui ne passera point, et son royaume » ne sera jamais détruit. » Daniel, VII, 13, 14. Que cette prophétie de Daniel se rapporte au temps présent, cela est évident par ce qui est dit dans le chapitre XII, 4, 9, 11 ; et par les paroles du Seigneur dans Matth., XXIV, 15, 30. La même chose est dite dans l'Apocalypse : « Et le septième ange » sonna de la trompette, et on entendit de grandes » voix dans le ciel, qui disaient : *les royaumes de* » *ce monde sont devenus les royaumes de notre Sei-* » *gneur et de son Christ,* et il régnera dans les siè- » cles des siècles. » Apocal., XI, 15.

Les progrès, la perfection et la gloire de la même Eglise, sont aussi décrits par les Prophètes, de la manière suivante : « Je ne me tairai point en faveur » de Sion, et je ne serai point en repos en faveur » de Jérusalem, jusqu'à ce que sa justice paraisse » comme une splendeur, et son salut comme une » lampe qui brûle. Et les nations verront *ta justice*, » et tous les rois verront *ta gloire ;* et tu seras ap- » pelé *d'un nom nouveau*, que la bouche de Jé- » hovah prononcera. Tu seras une *couronne de*

» *gloire* dans la main de Jéhovah, et un *diadème* » *royal* dans la main de ton Dieu. » Isaïe, LXII, 1 à 3. « Voici ce que dit Jéhovah : Je suis revenu à » Sion, et j'habiterai au milieu de Jérusalem, et Jé- » rusalem sera appelée la *Ville de Vérité* ; et la » montagne de Jéhovah des armées (sera appelée) » la *Montagne Sainte.* » Zacharie, VIII, 3. « J'en- » tendis une grande voix venant du ciel, qui dit : » Voici le tabernacle de Dieu avec les hommes ; et » il demeurera avec eux, et ils seront son peuple, » et Dieu sera avec eux, et (sera) leur Dieu. ». Apoc., XXI, 3.

XLVI. *De l'état probable du Monde et de l'Eglise à l'avenir.*

On pourrait penser qu'après un aussi grand changement que celui qui a été opéré dans le Monde spirituel par le jugement dernier, par le second avénement du Seigneur, et par le commencement de la nouvelle Jérusalem, quelque convulsion extraordinaire de la nature, ou un nouvel ordre dans la société parmi les hommes, doivent avoir lieu, et par une preuve irréfragable en faveur de la nouvelle dispensation, ne laisser aucun doute à ce sujet. Mais après un mûr examen, il paraît qu'une pareille attente est sans fondement ; et il y a toute raison de croire que la face de la nature continuera d'être la même qu'auparavant, et aussi que le même ordre dans les affaires civiles subsistera comme auparavant; qu'il y aura des empires, des royaumes, des états, comme auparavant; qu'il y aura des traités de paix, des alliances, et aussi des guerres entre les nations comme auparavant; et, en un mot, que toutes les choses relatives au gouvernement, en général et en particulier, seront comme auparavant. Ce que le Seigneur dit, que dans les derniers temps il y aurait des guerres, que l'on verrait s'élever peuple contre peuple, royaume contre royaume; et qu'il y aurait des famines, des pestes et des tremblemens de terre en plusieurs lieux, Matth., XXIV, 6, 7, ne signifie pas que ces choses doivent avoir lieu dans le monde naturel; mais que des événemens correspondans auraient lieu dans le monde spirituel: car les parties prophétiques de la Parole ne traitent pas des royaumes et des peuples de la terre, ni par conséquent de leurs guerres; elles ne traitent pas non plus des famines, des pestes et des tremblemens de terre de ce monde, mais des choses qui leur correspondent dans le monde spirituel. Voyez, touchant les correspondances, l'article XLIV.

Quant à l'état de l'Eglise, il ne sera pas exactement le même à l'avenir : il sera semblable extérieurement, mais très-différent intérieurement. A l'extérieur, il y aura des Eglises distinctes et séparées comme auparavant ; leurs diverses doctrines seront enseignées comme auparavant, et il y aura aussi des cultes religieux parmi les Gentils. Mais les hommes sont et seront à l'avenir dans un état plus libre de penser touchant les matières de foi, et par conséquent touchant les choses spirituelles du ciel, parce que la liberté spirituelle est maintenant rétablie; comme cela doit être évident pour quiconque veut prendre la peine de comparer l'état présent de la société religieuse avec celui qui avait lieu il y a quelques années, c'est-à-dire, avant le Jugement dernier et le commencement de la Nouvelle Jésusalem. De plus, il n'est pas vraisemblable que de nos jours, ou à l'avenir, une corporation d'hommes se disant ministres et propagateurs de l'Evangile de Jésus-Christ, s'assemblent, rédigent, arrêtent, après une mûre délibération, et ensuite publient une doctrine aussi détestable concernant le culte du Seigneur, et la prédestination, que celle contenue dans le livre intitulé : *Formula Concordiæ* (Formule de Concorde), qui est reçu comme orthodoxe et comme règle de foi par les Calvinistes, qui forment la plus grande partie des Eglises réformées ou protestantes. Ou si pareille chose était faite à présent, elle serait regardée avec indignation, comme une insulte et un outrage faits au bon sens, à la raison et aux plus douces affections du cœur humain. Concernant le culte du Seigneur, il est dit dans ce livre : « Que c'est une *idolâtrie* » *damnable* de placer sa confiance et sa foi *dans* » *le Christ*, non-seulement selon sa *nature divine*, » mais encore selon sa *nature humaine*, et de rendre à l'une ou à l'autre un culte d'adoration. » Au sujet de la prédestination, on y soutient : « Que le

» Christ n'est point mort pour *tous les hommes*, » mais seulement pour *les élus*. Que Dieu a créé » *la plus grande partie des hommes pour la dam-* » *nation éternelle*, et qu'il *ne veut pas qu'ils se con-* » *vertissent et vivent*. Que les élus et les régénérés » ne peuvent perdre la foi et le Saint-Esprit, *quoi-* » *qu'ils commettent les péchés et les crimes les plus* » *énormes*. Mais que ceux qui ne sont pas élus, » sont *nécessairement damnés*, et *ne peuvent en au-* » *cune manière atteindre au salut*, quand même ils » seraient mille fois baptisés, et qu'ils participe- » raient tous les jours à la sainte Cène, et qu'ils » *méneraient d'ailleurs une vie aussi sainte et aussi* » *pure qu'il est possible*. » Cet extrait est pris des pages 837, 838 de la *Formule de Concorde*, publiée à Léipsick en 1756.

Nous avons déjà observé qu'un grand changement a eu lieu dans l'esprit des Chrétiens, depuis le commencement de la nouvelle Eglise, dans l'année 1757; non un changement quant aux symboles de foi et aux doctrines écrites, mais un changement dans l'état de liberté spirituelle, en vertu de laquelle les hommes sont maintenant plus capables qu'auparavant de discerner la vérité, lorsqu'elle leur est présentée, et de la recevoir dans le cœur et dans la vie. Car tel est l'ordre mis par le Seigneur dans tout le monde spirituel, au moyen du jugement dernier, qui y a depuis peu été accompli, que le plus exact équilibre est établi entre le bien et le mal, ou entre le ciel et l'enfer; et l'homme étant placé, quant à son esprit, dans cet équilibre, il peut par conséquent se tourner librement ou vers l'un, ou vers l'autre; tandis qu'avant le jugement, l'équilibre était détruit par l'ascendant et l'accroissement continuel de la puissance du mal. Si le changement dont nous parlons ici ne peut pas être facilement aperçu sous l'idée de *liberté* spirituelle, à cause de son opération très-intérieure, il peut l'être certainement sous celle de *libéralité*, l'un de ses premiers effets visibles et manifestes, qui donne à l'âge présent un caractère inconnu aux temps antérieurs du christianisme, et prépare l'esprit humain à la réception des divines vérités maintenant révélées, lesquelles constituent le sens interne de la sainte Parole.

Savoir quel sera à l'avenir l'état de l'Eglise quant aux particularités, cela est au-dessus de la sagesse même des anges dans le ciel; car ils ne connaissent pas les événemens futurs, à moins qu'ils ne leur soient révélés par le Seigneur, qui seul en a connaissance. Mais nous pouvons assurer, parce que c'est déjà un fait, que cette servitude et cette captivité, dans lesquelles l'esprit humain était plongé, n'existent plus; et que la liberté spirituelle étant rétablie, l'homme est maintenant capable d'apercevoir les vérités intérieures plus clairement et plus distinctement qu'auparavant, s'il le désire, et ainsi devenir de plus en plus interne, s'il y est disposé. Quelque faible néanmoins que puisse être l'espérance de voir la Nouvelle Jérusalem établie de nos jours parmi ceux qui professent le Christianisme, nous avons l'assurance donnée dans l'Apocalypse, qu'elle parviendra à son état déterminé de plénitude et de maturité dans quelque lieu de la terre. Mais que ce soit en Europe, ou parmi quelque nation payenne, comme il y a raison de le croire, les avantages qui doivent en résulter pour le genre humain seront les mêmes, parce que dans l'un et l'autre cas, elle sera le moyen direct de communication entre le ciel et la terre. Car comme la lumière et la chaleur du soleil se propagent d'un centre à tous les points de la circonférence ; de même les rayons de la lumière divine et de la vie divine seront transmis de cette nation favorisée à tous les hommes de quelque religion qu'ils soient, et seront reçus selon l'état et la qualité de leur vie. Ou comme le fluide vital qui, dans le corps humain, partant du cœur, pénètre dans les parties les plus éloignées, en répandant partout où il passe la vie, la santé et la vigueur; ainsi une certaine influence spirituelle des divines vérités de la sainte Parole, d'abord reçues et aimées dans leur pureté par la nouvelle et vraiment chrétienne Eglise, se répandra de là et circulera dans tous les membres de l'Eglise universelle, en quelque lieu qu'ils soient, et à quelque distance qu'ils puissent être [illegible] uns des autres, et de leur centre commun.

XLII. *Du gouvernement Ecclesiastique et Civil.*

Comme l'ordre ne peut être maintenu dans le

monde, soit dans les choses relatives à l'Eglise, soit dans celles relatives à l'état, sans des chefs et des magistrats; il est nécessaire que quelques personnes soient établies comme chefs, pour surveiller et diriger les affaires de la société parmi les hommes; et il faut que ces chefs soient instruits dans la connaissance des lois, pleins de sagesse et de crainte de Dieu. Il est nécessaire aussi que l'ordre soit maintenu parmi les chefs eux-mêmes, afin qu'aucun, par passion ou par inadvertance, n'agisse contre l'ordre : et ce but sera rempli le mieux possible par l'établissement de chefs supérieurs et inférieurs qui seront soumis aux lois de la subordination.

Les chefs proposés aux affaires ecclésiastiques, ou aux choses qui concernent les rapports de l'homme avec le Ciel, sont appelés *Prêtres*, *Ministres*, ou *Prédicateurs;* et leur emploi est appelé *Prêtrise*, *Sacerdoce*, ou *Ministère.* Les chefs proposés aux affaires civiles, ou aux choses qui concernent les rapports de l'homme avec le monde, sont appelés *Magistrats;* et leur chef suprême, là où le gouvernement monarchique existe, est appelé *Roi* ou *Empereur.*

Les Prêtres peuvent enseigner aux hommes la voie du ciel, et les y conduire : ils doivent les instruire selon la doctrine de leur Eglise d'après la Parole, et les porter à vivre selon cette doctrine. Les Prêtres qui inculquent les vérités, et par là conduisent leurs troupeaux au bien de la vie, et ainsi au Seigneur, sont les bons pasteurs; mais les Prêtres qui enseignent seulement, mais ne portent pas au bien de la vie, ni par conséquent au Seigneur, sont de mauvais pasteurs.

Les Prêtres ne doivent s'arroger aucun pouvoir sur les âmes, parce qu'ils ne connaissent point l'état des intérieurs de l'homme; beaucoup moins encore doivent-ils s'arroger le pouvoir d'ouvrir et de fermer le Ciel, qui n'appartient qu'au Seigneur.

Le respect et l'honneur sont dus aux Prêtres, à cause de la sainteté de leur ministère : mais un Prêtre sage attribue tout ce respect et cet honneur au Seigneur, de qui seul procède toute sainteté, et non à lui-même : au lieu qu'un prêtre non sage se les attribue à lui-même, et ainsi les enlève au Seigneur. Ceux qui s'attribuent l'honneur à eux-mêmes, à cause de la sainteté de leur ministère, préfèrent l'honneur et les richesses au salut des âmes; mais ceux qui attribuent l'honneur au Seigneur, et non à eux-mêmes, préfèrent le salut des âmes à l'honneur et aux richesses. L'honneur d'une fonction quelconque n'est pas *dans la personne* de celui qui l'exerce; mais il *lui est adjoint* à cause de la dignité de la fonction; or ce qui est adjoint n'appartient pas à la personne, mais à la fonction, étant séparé de la personne aussitôt qu'elle n'exerce plus la fonction. L'honneur dans la personne est l'honneur de la sagesse et de la crainte du Seigneur.

Les Prêtres doivent instruire le peuple et le conduire par les vérités au bien de la vie; mais ils ne doivent forcer personne en matière de foi, parce que nul ne peut être contraint à croire le contraire de ce qu'il pense de tout son cœur être vrai. Il doit être permis à chacun de maintenir ses opinions religieuses, quoiqu'elles diffèrent de celles des Prêtres, pourvu qu'il ne trouble point la société. Mais celui qui excite des troubles doit être exclu de la communauté; car cela est conforme aux lois de l'ordre pour lequel le sacerdoce est établi.

De même que les Prêtres sont préposés pour l'administration des choses qui concernent les lois divines et le culte divin; de même les Rois sont préposés pour l'administration des choses qui concernent les lois civiles et la justice. Mais comme le Roi ne peut pas tout faire par lui-même, des gouverneurs, des magistrats et autres chefs, sont établis sous lui, et investis chacun du pouvoir d'administrer ce que le Roi ne peut régir lui-même. Ces gouverneurs, magistrats, et autres chefs pris collectivement, constituent la royauté; mais le Roi est le chef suprême.

La royauté n'est point dans la personne, mais elle lui est adjointe. Le Roi qui croit que la royauté est dans sa personne, et le Magistrat qui croit que la magistrature est dans sa personne, ne sont point sages.

La royauté consiste à gouverner selon les lois du royaume, et à exécuter ces lois par un principe de justice. Le Roi qui regarde les lois comme au-dessus de lui est sage; mais celui qui se regarde comme au-dessus des lois, n'est pas sage. Le Roi qui regarde les lois comme au-dessus de lui, place la royauté dans la loi, et se laisse dominer par la loi; car il sait que la loi est la justice, et que toute justice, *comme telle*, est divine; mais celui qui se regarde comme au-dessus des lois, place la royauté en lui-même, et croit, ou que sa volonté est la loi, ou que la loi qui est la justice vient de lui; de là il s'arroge ce qui est divin, tandis qu'il devrait s'y soumettre.

La loi, qui est la justice, doit être faite par des jurisconsultes instruits, sages et craignant Dieu; et le Roi et ses sujets doivent vivre conformément à la loi. Le Roi qui vit conformément à la loi, et qui ensuite est le premier à en doner l'exemple à ses sujets, est véritablement Roi. Mais un monarque absolu, qui croit que ses sujets sont comme des esclaves, et qu'il a droit sur leur propriété et sur leur vie, s'il exerce ce prétendu droit, n'est pas un Roi, mais un tyran.

Le Roi doit être obéi selon les lois du royaume, et il ne doit être lésé en aucune manière, ni par des faits, ni par des paroles; car de là dépend la sécurité publique.

Tels sont les principes généraux adoptés par la nouvelle Eglise, touchant les gouvernement ecclésiastique et civil; d'où l'on peut voir, que l'ordre et le bien-être de la société sont les grands objets qu'elle a en vue, quelle que puisse être la forme de gouvernement établie chez les différentes nations. Sa doctrine touchant les autres points étant d'une application universelle, et ne respirant que l'amour et une philantropie vraiment chrétienne, peut être reçue et embrassée par tous ceux qui désirent d'entrer dans cette nouvelle vie spirituelle, qui seule peut rendre l'homme capable de jouir de la paix dans ce monde, et de la félicité éternelle dans le Ciel.

XLVIII. *De la pluralité des Mondes.*

La doctrine de la pluralité des Mondes est fondée sur l'infinité de l'Être divin : et quand même il n'y aurait point de corps planétaires à la portée de notre vue, il serait encore raisonnable de conclure que, outre la terre sur laquelle nous vivons, il existe d'autres terres, quoique très-éloignées dans l'immensité de l'espace. Car l'on ne peut pas supposer que, par la création d'un seul globe habitable, le grand dessein de l'Amour infini et de la Sagesse infinie pût être pleinement accompli, lequel paraît avoir été le bonheur d'un nombre indéfini d'êtres intelligens de plusieurs terres, tous varians dans leur état général et particulier de réception de la vie, qui en elle-même est et restera toujours inépuisable. Mais entourés comme nous le sommes de tous côtés par des milliers de corps lumineux, semblables en apparence au soleil de notre système; convaincus aussi par le témoignage oculaire de l'existence de ces grandes masses ou planètes, qui roulent à des distances différentes autour du soleil, les unes plus petites, les autres plus grandes que notre terre; et présumant, non sans fondement, que des masses ou planètes semblables, quoique trop éloignées pour être aperçues par la lumière réfléchie, doivent exister autour d'autres soleils; nul homme raisonnable ne peut douter que toutes ces planètes, de même que notre terre, ne soient habitées par des êtres animés de divers ordres, genres et espèces, et surtout par l'homme, pour qui et à l'usage duquel le tout a été pourvu.

Celui qui croit, comme chacun doit le croire, que l'Être divin a créé l'univers uniquement afin que le genre humain, et par conséquent le ciel, existassent (car le genre humain est le séminaire du ciel), doit croire aussi, que partout où il y a une terre il y a aussi des hommes qui l'habitent. Que les planètes, qui sont visibles à nos yeux, parce qu'elles se trouvent dans les limites de notre système solaire, sont des terres, cela peut être évident, si l'on considère qu'elles sont des corps de matière terrestre, puisqu'elles réfléchissent la lumière du soleil, et que lorsqu'on les observe avec un télescope, elles paraissent non comme des étoiles brillant de leur propre lumière, mais comme des terres parsemées de taches à cause de leurs parties opaques. Cela peut encore être évident, si l'on considère, que, comme notre terre, elles tournent par un mouvement progressif autour du soleil, dans le cercle du Zodiaque, d'où vient qu'elles ont leurs années, et leurs quatre saisons, le printemps, l'été, l'automne et l'hiver; et qu'elles tournent aussi autour de leur axe, d'où vient qu'elles ont leurs jours et les quatre parties du jour, le matin, le midi, le soir et la nuit; que de plus quelques-unes ont des lunes, appelées satellites, qui font leurs révolutions autour d'elles, comme notre lune fait la sienne autour de notre terre. Comment une personne raisonnable, instruite de ces particularités, pourrait-elle soutenir ou s'imaginer, que ces corps planétaires sont vides ou privés d'habitans ?

Que, outre les planètes qui sont dans notre système solaire, il y en a un nombre prodigieux d'autres dans l'univers, c'est ce que l'on peut raisonnablement inférer de cette considération, que les étoiles fixes brillent, non d'une lumière empruntée, mais de leur propre lumière; circonstance qui, jointe à leur immense distance, est une preuve convaincante qu'elles doivent être des soleils chacune dans son système respectif, semblables pour l'usage à notre soleil dans son système. Or si cela est ainsi, il s'ensuit qu'il y a des corps planétaires roulant autour de chacun de ces soleils, et autant de mondes ou systèmes distincts, qu'il y a d'étoiles fixes ou de soleils.

Un tout si immense doit avoir été créé, et être encore maintenu, pour quelque grande et digne fin; et cette fin ne peut certainement être, comme nous l'avons déjà observé, que le royaume des cieux, dans lequel des êtres doués d'intelligence et d'amour par leur adorable Créateur, soient éternellement heureux. Car l'univers visible ou le firmament resplendissant d'étoiles innombrables, qui sont autant de soleils, n'est qu'un moyen pour l'existence des terres; et celles-ci ne sont que des moyens pour l'existence des hommes, dont il puisse être formé un ciel angélique dans une sphère plus pure que celle de la nature. D'après ces considérations, tout esprit raisonnable peut conclure avec certitude, que des moyens si immenses, adaptés pour produire une si grande fin, n'ont pas été établis pour les habitans d'une seule terre, d'une seule planète, ni pour un ciel angélique composé uniquement de ses habitans; mais que l'Être divin, qui est infini, et pour qui des milliers, et même des millions de terres ne sont rien en comparaison, doit avoir en vue une fin digne de lui, et en même temps ressemblant en quelque manière à l'infinité de sa nature.

La grande variété des usages des viscères, organes, vaisseaux, fibres et des autres parties du corps humain, dont chacune est indispensable au bien-être du tout, et qui toutes ensemble, par une heureuse harmonie, donnent le résultat désiré de la santé et de la vigueur, découvre, jusqu'à un certain point, à un esprit attentif, comment l'immense variété des mondes, et la multitude innombrable des hommes qui en sortent, peuvent aussi être tous nécessaires pour accomplir l'harmonie, l'union, la perfection et la félicité des cieux, et ainsi former la conjonction la plus indissoluble de la créature avec son Créateur.

La doctrine de la pluralité des planètes ou terres

habitables, non-seulement dans notre système solaire, mais encore dans d'autres innombrables systèmes, peut donc être regardée comme une conclusion juste et raisonnable tirée de la sagesse et du dessein manifestés dans notre monde, et de l'analogie de l'ordre le plus élevé. Mais cette doctrine est-elle susceptible de preuves plus positives? Le témoignage de l'homme peut-il être regardé comme capable de certifier et de confirmer comme un fait ce qui paraît si probable en lui-même et si digne d'être vrai? Et si la chose est certifiée et confirmée, peut-il être démontré, par quelque loi ou principe reconnus de l'esprit ou du corps, qu'il est *possible* à un habitant de notre terre de voir les esprits des hommes décédés des autres terres, et de converser avec eux, et même de voir les habitans sur ces terres, pendant que, visitant ainsi ces terres éloignées, il reste en place sur la sienne? Nous pouvons répondre affirmativement à chacune de ces questions; et quelque extraordinaire que ce point de doctrine puisse paraître d'abord, nous ne doutons pas qu'un lecteur intelligent, en faisant une sérieuse attention à la différence qui existe entre *l'état de l'esprit* et *la place du corps*, verra de bonnes raisons pour être de notre avis à ce sujet.

Swedenborg assure avoir été en communication avec les anges et les esprits, pendant plusieurs années; et il ne paraît pas que l'on puisse raisonnablement contredire un fait si solennellement et si souvent déclaré par lui. Par le moyen de cette communication, il a découvert que les espaces, les distances et les progressions, qui existent dans le monde naturel, sont, dans leur origine et première cause, des changemens d'état des choses intérieures dans le monde spirituel, et que chez les anges et les esprits, toutes les progressions ont lieu selon ces changemens. Il a trouvé de plus, que les anges et les esprits peuvent par ces changemens être transférés d'un lieu à un autre, et même d'une terre à une autre, quelles que soient leurs distances respectives dans l'espace naturel, et pendant cette translation, entrer en conversation avec les esprits et les habitans de la terre qu'ils visitent. Il observe aussi que la même chose a lieu à l'égard de l'homme, quant à son esprit; et que par conséquent il peut aussi être transféré, selon qu'il plaît au Seigneur, pendant que son corps reste dans la même place. Quoique cela semble absolument impossible à l'homme sensuel, qui ne croit point à d'autre monde que le monde matériel, ni à d'autres progressions que celles qui sont mesurées par l'espace; l'homme spirituel ou véritablement rationnel, qui peut faire la distinction entre les lois de *la matière* et celles de *l'esprit*, ne trouvera point de difficulté à ce sujet, et l'admettra aisément et comme possible et comme probable.

Les distances dans le monde spirituel ne sont point comme les distances sur la terre; mais elles sont absolument selon l'état des intérieurs de chacun. Ceux qui sont dans un état semblable, sont dans une même société et dans un même lieu; car toute chose est présente en vertu de la *ressemblance d'état*, et distante en vertu de la *différence d'état*. Ainsi pour être avec un esprit ou un ange, qu'il soit de cette terre ou d'une autre terre dans l'univers, il faut seulement être dans un état semblable au sien, quant aux intérieurs de l'esprit, c'est-à-dire, quant aux affections et aux pensées intérieures. Il est également possible à l'esprit d'un homme vivant encore dans son corps, et dont les intérieurs sont ouverts au ciel, d'être mis par le Seigneur dans un état semblable aussi bien à celui des esprits, des anges, et même des habitans des terres éloignées, qu'à celui des esprits, des anges et des habitans de notre terre. Les divers changemens d'état, qui ont nécessairement lieu pour que l'esprit de l'homme d'une terre soit mis dans un état semblable à celui de l'esprit d'un homme d'une autre terre, prennent dans le monde spirituel l'apparence de voyages et de marches semblables à tous égards à ceux qui ont lieu sur la terre, mais différens essentiellement dans leur caractère intrinsèque.

A l'égard de la possibilité qu'un esprit, ou ce qui est la même chose, qu'un homme quant à son esprit, voie même les objets matériels qui sont sur une autre terre, elle est également susceptible d'une explication raisonnable. Les esprits et les anges ne peuvent, par leur propre vue, rien voir de ce qui est dans le monde naturel, de même que l'homme, par sa vue naturelle, ne peut rien voir dans le monde spirituel, la lumière de chaque monde étant comme d'épaisses ténèbres pour l'autre. Cependant lorsqu'il plaît au Seigneur d'ouvrir les facultés intérieures d'un homme, de manière à le rendre capable de voir les esprits et les anges et de converser avec eux, ce qui néanmoins est rare de nos jours, alors les esprits et les anges qui sont auprès de cet homme peuvent voir par ses yeux les objets naturels de ce monde, et entendre par ses oreilles les conversations qui ont lieu parmi les hommes. Ainsi l'homme qui a le privilége d'être le moyen de communication entre le monde spirituel et le monde naturel, comme il a été dit ci-dessus, étant mis, quant à son esprit, dans un état de vie semblable à celui d'un habitant de quelque terre éloignée, peut également voir par les yeux de cet habitant, si ses intérieurs sont ouverts, les objets naturels de ce monde, et entendre par ses oreilles les sons naturels qui y sont produits.

D'après ces considérations et autres semblables, il est évident, que l'homme a été originairement créé pour que, pendant sa vie dans le monde parmi les hommes, il puisse en même temps vivre dans le ciel parmi les anges; et d'un autre côté pour que, pendant qu'il est dans le ciel, il puisse aussi avoir communication avec le monde; qu'ainsi le ciel et le monde soient unis en l'homme, et que les hommes connaissent ce qui se passe dans le ciel, et les anges ce qui se passe dans le monde; et que lorsque les hommes sortent de cette vie, ils passent ainsi du royaume du Seigneur sur les terres, au royaume du Seigneur dans les cieux, non comme à un autre royaume, mais comme au même, dans lequel ils étaient aussi quant à leur esprit, durant leur vie dans le corps. Mais l'homme, en devenant aussi sensuel et corporel qu'il l'est maintenant, dans ses affections et ses pensées, s'est fermé le ciel, et a totalement changé l'ordre de sa vie.

Qu'il soit possible à l'homme de voir les esprits et les anges et de converser avec eux, c'est ce qui est évident par le témoignage de l'Ecriture-Sainte, surtout par ce qui est dit d'Abraham et de Sara, de Lot, des habitans de Sodome, de Josué, de Gédéon, de Manoah et de sa femme, de Zacharie et d'Élisabeth, de Marie, de Jean, et de plusieurs autres, qui tous ont vu des anges et conversé avec eux comme avec des hommes. Le Seigneur lui-même apparut de la même manière, après sa résurrection; et ceux qui le virent ne le prenaient que pour un homme, jusqu'à ce qu'il se révêlat à eux, comme il le fit aux deux disciples d'Emmaüs, qui le prirent d'abord pour un compagnon de voyage, et à Marie-Madeleine, qui croyait qu'il était le jardinier du lieu où était situé le sépulchre. Mais aujourd'hui de telles apparitions ont rarement lieu; d'un côté parce que l'homme s'est plongé dans un état d'infidélité très-grave, qui le rend, à un haut degré, incapable de la vue spirituelle; et d'un autre côté, parce que les visions, les miracles et les preuves surnaturelles, tendraient à contraindre l'esprit de l'homme à un acquiescement externe et passager aux choses vues ou entendues, plutôt qu'à lui insinuer une foi salutaire et permanente à l'existence réelle du ciel et de la vie éternelle. Cette dernière espèce de foi ne peut être implantée que par la Sainte Parole, pendant que l'homme est dans le plein usage de sa liberté et de sa rationalité. C'est pourquoi notre Seigneur dit de ceux qui exercent convenablement ces deux facultés : « Bienheureux sont ceux qui *n'ont* » *point vu*, et qui ont cru ». Jean, XX, 29. Au lieu que de tous ceux qui demandent des signes et des prodiges ; il dit, dans un autre endroit : « S'ils n'é» coutent point Moïse et les prophètes, ils ne croi» ront point, quand même un mort ressusciterait ». Luc, XVI, 31.

XLIX. *Des raisons pour lesquelles le Seigneur a voulu naître sur notre terre, plutôt que sur une autre.*

Parmi les diverses raisons pour lesquelles le Seigneur a voulu prendre une Humanité naturelle sur notre terre, et non sur une autre, la principale a été relative à la Parole, afin qu'elle pût être écrite dans la lettre, c'est-à-dire, dans le sens littéral, ensuite être publiée par tout le monde, et enfin être perpétuellement transmise à la postérité la plus reculée, et conservée ; qu'ainsi il pût être manifeste même à tous les hommes dans l'autre vie, que Dieu lui-même s'est fait homme. La Parole, qui est le divin Vrai, enseigne qu'il y a un Dieu, qu'il y a un ciel et un enfer, et une vie après la mort : elle apprend de plus comment l'homme doit vivre et croire pour aller au ciel, et par-là être heureux éternellement. Toutes ces choses auraient été entièrement inconnues sans une Révélation, et dans l'état présent du genre humain, sans la Parole; et cependant l'homme est créé de manière que, quant à son esprit et à son âme, il ne peut jamais mourir.

Il est bien connu que l'art d'écrire a été pratiqué sur notre terre dès les temps les plus anciens, d'abord sur des écorces d'arbres, ensuite sur des peaux ou parchemins, puis sur du papier, et qu'enfin l'art d'imprimer avec des caractères lui a succédé. Cela a été pourvu par le Seigneur à cause de la Parole, afin qu'elle pût être publiée, multipliée et conservée dans tous les siècles. Sa publication par toute la terre est facilitée par le commerce général ou les communications qui subsistent entre toutes les nations, par terre et par mer; de sorte que la Parole, une fois écrite et publiée, peut être transmise d'un pays à l'autre, et enseignée partout. Ces communications ont été aussi pourvues par le Seigneur à cause de sa Parole, et des avantages incalculables résultant de la connaissance des divines vérités qui la constituent.

Le premier et le plus essentiel motif pour lequel la Parole a été donnée, est, comme nous l'avons déjà observé, afin que tous connussent que Dieu s'est fait homme : car personne ne peut croire en Dieu et l'aimer, sans le contempler sous quelque apparence ou forme. De là vient que ceux qui ne le reconnaissent point sous une forme, mais le regardent comme quelque chose d'incompréhensible, répandue dans l'infinité de l'espace, plongent leur pensée dans la nature, et par conséquent ne croient point en Dieu, quoiqu'ils puissent des lèvres professer le contraire. Tel étant le danger auquel est exposé l'homme qui pense à l'Etre divin sans la lumière du ciel, il a plu à notre Seigneur de naître sur notre terre, et de manifester cela par la Parole, afin qu'il fût connu, non-seulement aux habitans de ce globe, mais encore à tous les habitans de l'univers qui vont au ciel.

Il faut observer que la Parole donnée sur notre terre par le Seigneur, est un moyen permanent de conjonction entre le ciel et le monde : c'est pourquoi il y a une correspondance de toutes les choses contenues dans la lettre ou le sens littéral de la Parole avec les choses divines dans le ciel. Mais sur toutes les autres terres le divin Vrai est révélé verbalement, par des esprits et des anges, aux habitans, et est par conséquent et nécessairement répété de temps en temps, selon qu'ils en ont besoin pour la règle de leur foi et de leur vie.

Le Seigneur accepte et reçoit tous les hommes, de quelque terre qu'ils soient, qui reconnaissent et adorent Dieu sous une forme humaine, puisque Dieu sous une forme humaine est le Seigneur. Et comme le Seigneur apparaît aux habitans des terres sous une forme angélique, qui est la même que la forme humaine; lorsque les esprits et les anges de ces terres apprennent des esprits et des anges de notre terre, que Dieu est réellement Homme, ils reçoivent cette Parole, la reconnaissent, et se réjouissent de ce que cela est ainsi.

Aux raisons ci-dessus exposées de la venue du Seigneur sur notre terre, et non sur une autre, on peut ajouter que les habitans, les esprits et les anges de notre terre, dans le Grand Homme ou le Ciel Universel, se rapportent au sens externe et corporel; et le sens externe et corporel est le dernier plan dans lequel les intérieurs de la vie se terminent, et sur lequel ils reposent comme sur leur base commune. Il en est de même à l'égard du divin Vrai dans la lettre, qui est appelée la Parole, et qui, à cause de cela aussi, a été donnée sur cette terre, et non sur une autre. Or puisque le Seigneur est la Parole, son premier et son dernier, afin que toutes choses existent selon l'ordre, il a voulu aussi, à cause de cela, naître sur cette terre, et devenir la Parole Incarnée, selon ce qui est écrit : « Au commencement était la Parole, et la Parole était en » Dieu, et Dieu était la Parole. Toutes choses ont » été faites par elle, et rien de ce qui a été fait, » n'a été fait sans elle. *Et la Parole s'est fait chair,* » *et elle a habité parmi nous.* » Jean, I, 1, 3, 14.

En descendant donc sur notre terre, et en prenant l'Humanité parmi les hommes les plus abjects et les plus sensuels, et particulièrement parmi le peuple juif, qui peut sans injustice être considéré comme le plus vil, le Seigneur dans sa miséricorde a étendu les bienfaits de la rédemption, non-seulement aux hommes de cette terre, mais encore à tous les habitans de l'univers. Car dans la délivrance opérée pour les plus bas, il a compris en même temps les plus hauts ; et ainsi les anges et les hommes, de toute classe et de tout degré de vie, peuvent participer aux bénédictions que son divin Amour, sa divine Sagesse, et sa divine Puissance, leur ont pourvus.

L. *Conclusion.*

Ayant ainsi établi les points principaux de la doctrine de la vraie Religion chrétienne aussi concisément que le permettaient les divers sujets dont nous avons traité, qui tous sont fondés sur la sainte Parole, et peuvent en être tirés, nous terminerons cet Abrégé en observant que tout le système de la théologie chrétienne se réduit à deux articles fondamentaux, qui entrent dans toute vérité de la divine révélation, et la rendent intéressante au plus haut degré. Ces articles sont :

I. Qu'il y a un seul Dieu en une seule Personne, dans laquelle néanmoins il y a une divine Trinité du Père, du Fils et du Saint-Esprit, semblable à la trinité humaine, en chaque homme, de l'âme, du corps et de l'opération procédante; et que notre

Seigneur et Sauveur Jésus-Christ est ce seul Dieu.

II. Que si l'homme veut être sauvé, il doit non-seulement croire au Seigneur, mais encore vivre, ou tâcher de vivre, selon ses divins préceptes d'amour et de charité, en fuyant les maux de toute espèce comme péchés.

Ces deux articles fondamentaux de la vraie Religion chrétienne, peuvent bien être considérés comme les *deux témoins* des derniers jours (Apocalypse, XI), qui étaient auparavant enveloppés de sacs et rejetés de l'Eglise, mais qui à présent enfin ressuscitent, se tenant debout sur leurs pieds, et attestant au monde, en premier lieu, le vrai objet du culte divin; et en second lieu, la manière dont ce culte doit être rendu pour devenir agréable au Ciel, et assurer à l'homme la félicité de la vie éternelle. Le premier article distingue la vraie Religion chrétienne de toute autre religion dans le monde connu : car il enseigne que l'Etre Suprême, le Créateur et Conservateur de l'univers, s'est manifesté comme Homme divin; qu'il est lui-même le Rédempteur et le Sauveur des hommes ; et conséquemment qu'une foi vraie en Jésus-Christ, comme le *Fils de Dieu*, est en même temps une foi en lui comme le *Père Eternel*. Le second article enseigne non pas seulement le devoir de croire en lui par l'entendement, ce qui finalement ne servira de rien, mais, ce qui est d'une plus grande importance, la nécessité d'obéir consciencieusement à ses lois sacrées, en fuyant tout ce qui est contraire à sa Parole, en embrassant de tout notre cœur tout principe de la vie céleste, et en réduisant en pratique tout ce que nous connaissons ou croyons être la volonté divine.

La grande fin de la religion est de rendre l'homme utile et heureux dans cette vie et dans la vie future. Mais la vraie Religion chrétienne, par-dessus toutes les autres, est capable de produire cet effet; parce que, étant immédiatement dérivée du Dieu du ciel, dont elle porte sur son front le nom adorable, elle contient un plein développement de sa divine Personne, de ses divins attributs et de ses divines perfections; et qu'elle expose de la manière la plus claire et la plus intelligible les règles de la vie, qui, si on les suit avec sincérité et fidélité, selon la lumière reçue, ne peuvent manquer de conduire à la félicité éternelle.

Dans les articles généraux dont se compose ce petit volume, sont renfermées plusieurs vérités particulières, que les limites de notre plan ne nous ont pas permis de développer : mais nous pensons en avoir dit assez, non-seulement pour réveiller la curiosité du lecteur impartial, mais encore pour exciter en lui le plus vif désir de connaître plus en détail des sujets qui sont sans contredit du plus haut intérêt, parce qu'ils sont intimement liés avec sa destinée finale. Que personne donc, soit à cause de l'apparente nouveauté de quelques sentimens ci-dessus établis, soit à cause du peu de talent du rédacteur de cet ouvrage, ne traite avec mépris ce qui pourra d'abord lui paraître obscur et contraire aux opinions reçues : car l'expérience confirme tous les jours, que plusieurs choses ont été désapprouvées et rejetées dans un temps, qui dans un autre temps, et dans un état d'esprit différent, sont reconnues et adoptées avec ardeur comme des vérités célestes.

Le moyen le plus sûr pour découvrir et posséder la vérité pure, n'est pas seulement la culture de l'entendement, mais aussi le réglement et l'amendement de la volonté, et de ses diverses affections : car celles-ci, selon qu'elles sont conformes ou non conformes à l'ordre divin, peuvent donner à l'entendement un juste discernement, ou le plonger dans les ténèbres spirituelles les plus épaisses. Cette considération est en effet d'une si grande importance, qu'il nous a paru convenable d'en prévenir le lecteur dès l'entrée même de l'ouvrage, en y mettant pour épigraphe les propres paroles de notre Seigneur, comme la meilleure indication pour procéder à la recherche et à l'étude de la doctrine que nous annonçons comme celle de la VRAIE RELIGION CHRÉTIENNE. Or ayant exposé cette doctrine d'une manière claire, intelligible et franche, en invoquant, lorsque cela nous a semblé nécessaire, le témoignage direct de l'Ecriture-Sainte, pour lui donner l'autorité et l'appui que l'on pouvait exiger, nous l'abandonnons au jugement du lecteur, et aux opérations de la divine Providence sur son esprit, étant bien assurés, que quiconque est déjà dans le *Bien*, ne peut pas être loin du *Vrai*, et que « si quelqu'un veut faire la volonté de Dieu, » il connaîtra si la doctrine est de lui. » Jean, VII, 17.

FIN.

APPENDIX.

Après que vous aurez étudié l'antiquité et ses philosophes, les mystagogies orientales et leurs livres sacrés, il sera constant pour vous qu'ils n'ont eu de Dieu qu'une idée fantastique et chimérique, en un mot, qu'une idée adhérente à la sensation-temps et à la sensation-espace ; tous ont dit et tous ont écrit, et Paul, Anquetil et Polier sont concordans : Dieu est une lumière inintelligible, Amorphe...... Il est soleil supermondain sage...., sage aimant......, aimant sage. (1)

Tous ont admis un monde supermondain, ayant ses terres et ses planètes, où étaient des hiérarchies de génies supérieurs, d'anges, d'archanges, et parmi lesquels venaient les héros et ceux qui étaient divinisés par *copulation divine avec le soleil archétype* ; ils ont également dit et écrit, que ces esprits non-seulement dirigeaient les corps célestes, mais avaient créé ce monde, administraient les empires et tout homme en particulier.

La vérité est, que l'homme n'a pas rendu le dernier soupir, qu'il est pleinement ressuscité homme ; que le corps d'essence et substances spirituelles qui le constitue alors, est précisément organisé comme le corps matériel qu'il vient de délaisser, et alors l'homme est en la vie éternelle.

---

(1) Le magisme hébreu et nos cabalistes modernes et occidentaux, pour représenter ce dieu amorphe, ont écrit en hébreu J. H. V. H. en un soleil ou triangle radieux, ou simplement un JOD exprimant la grande unité : ils ont aussi peint une lumière *amorphe* en des nuages, avec de grands rayons, comme à S.t-Roch, à Paris.

En cet état, et pendant un certain temps, le *Seigneur* le met en communication *tacite*, avec ceux qui ont un même amour intime, et un même intellect, et qui sont *assez souvent* leurs enfans ou amis ; et c'est ainsi que nous, sur la terre, recevons l'influx médiat de la vie ; et c'est ainsi que nous sentons en nous des affections et des pensées.

Cette vérité est strictement prouvée par l'universalité du culte *des mânes* et *des ancêtres*.

L'homme ressuscité étant hom - esprit, peut apparaître à l'homme sur la terre ; il peut lui parler, lui écrire ; les pères, les théologiens, mais surtout Cudworth (Système intellectuel, t. 1, p. 845, 1106) en a très-doctement écrit ; *mais Dee est très-curieux sur ces communications.* L'hom-esprit lit toutes les pensées et affections de l'homme sur la terre, dont il est le tuteur.

L'homme sur la terre est assisté, et a pour tuteurs plusieurs hom-esprits, les uns pour devenir anges, et les autres pour devenir diables. De leurs tentatives respectives pour dominer l'homme, résulte pour l'homme le libre arbitre.

Ainsi nous conclurons et tiendrons pour vérité constante, que dans tous les temps et chez tous les peuples, des hom-esprits ont joué le rôle de génies supérieurs, de dieux, etc., pour se faire adorer ; tel est l'effet de l'amour de dominer par amour de soi, et par *faste* de sa propre intelligence ; ce dont vous serez convaincu si vous lisez : des Mystères par Dupuis ; Recherches sur les mystères d'Eleusis par Ouwaroff, 73 ; sur les Mystères du paganisme, par Sainte-Croix, 1817 ; avec la commentation de Villoison, 18 ; Oupnekat, 1, 417, 418. Ezour-Vedam, 11, 45 ; Acad. des inscript., 1, 26, VIII ; 107, XV ; 625, XXXV. Sur l'Hellénisme par Foucher.

L'amour de soi et *le faste* de sa propre intelligence, l'amour de dominer qui en dérive, sont l'enfer en général, e sont l'enfer en tout homme ; ils y détruisent l'humiliation du cœur et de l'esprit, et dès lors l'homme n'a aucune affection ni respect pour son semblable, et il cesse d'être homme.

Un tel homme est presque abandonné par les hom-anges; les hom-démons se lient avec lui, n'ayant pas d'autre but que de le réduire en servitude éternelle ; ils le séduisent par tous mensonges et par tous prestiges; ils lui influent l'amour du mal et l'amour de soi ; par quel influx il se croit un dieu, un saint, un bienheureux ; ils lui donnent à penser qu'ils sont anges rebelles et précipités, qu'ils ne peuvent plus prétendre à rentrer au ciel; que Dieu toutefois se sert de leur ministère pour gouverner la terre, et qu'à ce titre ils sont trop heureux de lui obéir, et qu'ils feront tout pour l'élever en dignités et pour lui obtenir toutes richesses, et finissent par lui affirmer que par l'effet *d'une copulation divine*, il deviendra immortel, et sera uni avec les anges et archanges ; mais que la masse des hommes meurt, *morte jumentorum*.

Telle est l'affreuse politique, tels sont les ressorts infernaux de tous les modes de gouvernemens, telle est la doctrine intime de tous les sanhédrins, aréopages, sénats, congrès vraiment diaboliques, qui ont régi les sociétés en masse et individuellement. Cet aperçu fait juger la cause des convulsions politiques, qui ont en tous les temps couvert ce globe de carnage et de cendres.

Cette invisible et imperceptible politique se ramifie depuis les grands mystagogues, cabalistes, jusqu'en ces sociétés obscures du *compagnonage*, et en ces petites cabales dont un devin campagnard est le grand hiérophante.

Nous avons donc la vraie clef des malédictions, imprécations, monitoires, excommunications et fulminations usités chez tous les peuples et par la cour de Rome, jusqu'en 1774.

C'est ce que St.-Paul appelle livrer à Satan, I, Cor. V, et ce qu'Eveillon appelle le nerf de l'Eglise ; et Gerson au concile de Rheims se plaint de ce qu'on s'en sert pour la restitution d'une brebis volée.

Le lecteur curieux doit lire le Traité des excommunications

et des Monitoires par Eveillon, 1651. — Dupin. — Phil. Collet, Loyer. — Pierre Ayrault. — Rouault; surtout Théoph. Raynaud, jésuite, vol. XIV, p. 229.

Ceci nous conduit à exposer briévement la doctrine du papisme : l'Economie de Jérusalem sous la direction de St.-Paul, reçu mystiquement, c'est-à-dire d'un concile recteur d'hom-esprits, jouant le rôle d'anges et d'archanges, le dogme fondamental et constituant *la grande trinité*, que le grand soleil Jehovah avait, avant les siècles, émis une prolation soliforme ayant cinq irradiations appelées séphirotz (le grand soleil archétype en ayant dix) ; un cône lumineux unit le soleil archétype Jehovah et le Christ soliforme, et c'est le St.-Esprit.

Ce dogme fondamental est exposé dans le *Credo* nicéen par ces mots : *Lumen de lumine, deus de deo, per quem omnia facta sunt.* Cette doctrine est exposée avec un grand savoir, en l'ouvrage de Bullus, prêtre anglican.

Dans le temps, ce Christ soliforme émit une prolation en Marie; s'y forma le Christ qui fut crucifié. Ce Christ ressuscité est le chef des hiérarchies célestes ; toutefois les cabalistes lui donnent un vicaire - général ; c'est l'archange Michel, *qui sacrifie les âmes à Dieu.* Sur ce point, lisez Galatin et les Révélations de Sœur Nativité, 2.e édition, chez Baucée, 1820 ; ce Christ y est nommé *Théandre.*

Cette doctrine fut celle de St.-Paul, comme le prouvera la lecture de ses épitres, faites selon ces titres et annotations.

Dieu, soleil sage, père des lumières, ou simplement le père.

Ephes., I, 3. — III, 14, IV ; c. 1. Timothée, I, 17; VI, 15, Heb., XII, 29.

Christ soliforme, 1 Cor. VII ; II, Corinth., III, 14, 7. — IV, 4. — Rom., XI, 31 ; XVI, 27 ; Heb. — Coll., 1, 15 — III, 9. Eph. 1, 2 ; III, 9.

Christ Théandre, médiateur. I; Tim., III, 6.

Rom., I, 4. — III, 1. — V, 17; VI, 9. — I, Eph., 20, 11; II, 5, 7.

Quant à la Résurrection de l'homme, et toutefois au style obscur, R., VIII, 10. — XII; 1, XXII, 1, 14. — I, Cor., VI et demi. — XV.

Ephes., II, 5. — Phill., III, 10; I. Timot., IV, 13. Heb., II, 4. — IV, 3.

Des Anges et hiérarchies et fonctions, Heb., I, II, 5, 16; XII, 22.

Ephes., I, 17; III, 9; Coll., I, 15.

Double doctrine, Eph., III, 16; I., Cor., II, 1; Coll., I, 26; II, 2.

Paul glorifié. Act. XXII, 9; XXVI, XXVII. II, Cor., III, 18; XII. Eph., III, 1, 3.

Des dons spirituels et prophétiques. I, Cor., XII, XIV.

Gouvernemens des hommes, I, Cor., IV, 8, 9, 18. — V, VI, 1; I, Tim., 20; II, Tim. 11, Cor., XIII, 10.

Résumons toutes les doctrines ou points doctrinaux fondamentaux de tous les temps et chez tous les peuples.

Au dogme fondamental d'une seule nature matérielle: adhèrent, Epicure, Pyrrhon, Protagore.

D'une nature naturante, et d'une nature naturée, adhèrent, Zénon, les Stoïciens et Magnats de l'empire Romain.

D'un soleil aimant sage, créateur et recteur d'un monde, archétype, adhèrent, Platon, Socrate. Un soleil sage convient à Aristote.

Epicure et Zénon aisément conciliés, ne méritent aucun examen. Quant à Platon et à Aristote, leurs dogmes obscurs et idées fantastiques ont été tour-à-tour admis, repoussés, commentés et plus obscurcis encore par tous les théologiens bibliques de toutes les sectes. Et puisque les livres de ces théologiens sont en tout ou partie écrits en style cabalistique, qu'ils sont entachés d'astrologie et de magie et de plus, embrouillés de mille inepties touchant la chimie, la physique et les arts; il est clair, certain et parfaitement prouvé dès lors, qu'il n'est qu'une vérité embrassant toutes les vérités que ce petit volume expose.

Index bibliographique.

Pour connaître la doctrine éclectique de l'Eglise romaine, lisez :

De perenni philosophiâ, *Stencho autore*. Basle, 1540.

P. Galatini *de Arcanis veritatis catholicæ*. Ouvrage écrit à Bar, en 1517; plusieurs éditions.

Collectio artis cabalisticæ, Pistorio éditore. Basle, 1587.

Georgii Bullii Opera omnia. Londini, 1703.

Platonisme dévoilé par Souvrain. — 1700.

Pour connaître des mystagogies orientales, et que Polier réfère aux philosophes grecs :

Recherches asiatiques, 12 vol. — *Jone's Works*, 6 vol.

Indu pantheon. — Mythologie des Indous, par Polier.

Oupnekat d'Anquetil. — *Bagual Geeta*, Wilkins. — *Ezour-Vedam*, Sainte-Croix. — *Bagavadam*, Opsonville. — *Chou-King*, Guignes. — *Zend-Avesta*, Anquetil.

Desâtir, imprimé à Bombay, 1818. — *Codex nasareus*; Norberg, 1816. *De Religione veterâ Persarum*. Hyde, 1760.

Pour connaître les réligiosismes et philosophies de nos anciens Occidentaux, lisez :

Historia critica philosophiæ, de Bruker, 6 vol.

Histoire comparée des philosophes. De Gerando.

Origine de tous les cultes. Dupuis, 1795.

Plan du Pythagorisme, par Mourgues, jésuite, 1712. Vossius et autres.

Quant à la Magie, Cabale, Sorcellerie, etc., la société de Goëttingue ayant proposé trois questions, l'ouvrage de Tiedemann remporta le prix, et c'est un ouvrage du premier mérite.

Disputatio quæ fuerit artium magicarum origo, *Tiedemann autore*; Magdeburg, 1787.

Défense des Saints-Pères, Balthus. — Réponse à l'Histoire des Oracles, Balthus. — *De Oraculis*, Vandale. — *De Idolatriâ*, Vandale. — *De Mysteriis Ægyptiorum*, Jamblic. *De philosophiâ occultâ, Agrippa autore*, in-12; beaucoup d'éditions. Paracelse. — *Amphitheatrum æternæ sapientiæ*, Khunrath, 1609.

Philosophie hermétique, Langlet-Dufresnoy.

Relation de ce qui s'est passé entre le docteur Dee et quelques esprits; par Casaubon. Londres, 1659.

La France trompée par les démonolâtres, par l'abbé Fiard, 1803.

Superstitions des philosophes, par l'abbé Wroust, 1817; et la Réalité de la Magie et apparitions, Paris, 1819, chez Mongie.

Le catalogue de la bibliothèque de l'abbé Sepher, docteur en Sorbonne, et vice-chancelier de l'université, imprimé chez Fournier, 1786, vous donnera le titre des livres les plus rares sur cette matière; catalogue qu'on peut appeler complet sur ce sujet.

De l'Imprimerie d'Abel LANOE, rue de la Harpe, n.° 78.

www.ingramcontent.com/pod-product-compliance
Ingram Content Group UK Ltd.
Pitfield, Milton Keynes, MK11 3LW, UK
UKHW012213240726
13966UKWH00002B/728

9 782012 836631